职场课

刚柔并济
方能行稳致远

著 陈琳

上海人民出版社

前言：刚柔并济，行稳致远

　　这是一本为职场新人、即将踏入职场的准新人，以及在职场打拼了两三年仍在苦寻发展方向的半新人量身定制的书。

　　人在职场走，谁没有过迷惘的时候？即便是行业资深人士、"白骨精"，也可能因为遇到新情况一时不知所措，更何况是羽翼未丰的职场新人、准新人、半新人。

　　一入职场，各种问题便接踵而来。要选择什么样的工作才能"稳定"发展？遇到发展"瓶颈"了要不要立马跳槽走人？和上司合不来、"怼"上了，被"穿小鞋"了该怎么办？遭遇企业不合理用工甚至是故意"挖坑"，有没有对应的法律武器维护自己的权益？对入职前三年的"萝卜干饭"熬不住，该怎么调节自己的心态？

　　在经济下行压力之下，职场越发"卷"了。两三年前，人们还在为大厂的"996"工作制是否合理争论不休，没承想，不久之后，大厂纷纷裁员，校招名额缩减。还要不要进大厂的争论风头盖过了"996"话题。连名校高材生们都不得不开启"下沉"之旅，为一个烟草流水线上的岗位挤破头，研究生争相去小城镇当公务员，博士应聘城管，拿着高薪的程序员为了上岸裸辞考公、考研……让人不得不感叹，职场的规划、计划赶不上变化。

　　道路千万条，发展第一条。怎么才能走得顺、走得好，走出个出人头地，走出个硕果累累，是职场人要思考的问题。教育学

职场课

中有所谓的发展"关键期"概念，其实，初入职场，正是职场人成长发展的关键期。这段时期的各种抉择，对今后的职场之路将产生深远的影响。走好这段路，其重要性毋庸多言。

但现下的情况是，纵然心中满怀丰满的理想，职场人不得不面对骨感的现实。

就业是最大的民生工程、民心工程、根基工程。根据国家统计局发布的数据，2022年11月，全国16—24周岁城镇青年失业率达17.1%。而2023届高校毕业生规模预计1158万人，同比增加82万人。在职人士捧牢饭碗已显艰难，就业情况严峻，职场情况多变，让欠缺阅历、技能稚嫩的职场准新人、新人和半新人处于被动地位。

笔者在多年的采访生涯中发现，很多人对职场的认知，不是来自工作中所见所闻，就是来自亲朋好友的辗转讲述，抑或是媒体报道的典型案例，以及难辨真伪的"野生"鸡汤文。

不成系统、零敲碎打的认知方式，让很多职场"打工人"在遇到与自身利益息息相关的棘手问题时，仍然"手足无措"，甚至"慌不择路"，作出不理智的选择。

归其原因，一是缺乏处理应对实务的技巧，对行为可能产生的结果不甚清晰，不知道法律武器的正确"打开方式"。高智商的名牌大学研究生在就业之初被企业经营者忽悠签下阴阳合同，在劳动维权中吃了大亏，并非网文小说的桥段，而是真实发生的事情。一些学校和学院为指导毕业生就业，在校园网站上挂出《中华人民共和国劳动合同法》全文。每个字固然都不陌生，但仅靠阅读法律条文，新人们就能在踏入职场后无师自通、学以致用了吗？不排除有特别优秀、聪明的毕业生可以做到，但多数学生急需专业人士指点。

二是当遇到职场上种种与切身利益相关问题时，因为缺少历练，受了委屈，形势所迫，没能抗住多方压力，吃了眼前亏却只能"打落牙齿和血吞"。但此后又因此心态失衡，聚焦于眼前的得失，犹如大赛中动作走形的运动员，"一步错，步步错"，满盘皆输。

但也不能一味把锅甩给青涩的职场新人。笔者曾请教过一位对工会、劳动维权熟稔的资深媒体人，这才发现，他对周末双休并非法定节假日，企业安排职工实行"大小周"并不违反劳动法的情况不甚清楚。更何况是初涉职场的人。

另外，与职场人、劳动者密切相关的法条"散落"在各种法律文件之中。人们常用的劳动维权相关法律，其实包括了《劳动合同法》《劳动争议调解仲裁法》等；而涉及更具体的问题，比如工伤，就有《工伤保险条例》《最高人民法院关于审理工伤保险行政案件若干问题的规定》等；还有不少地方出台的条例、办法，比如关于上海企业支付职工工资，就有《上海市企业工资支付办法》，而与之毗邻的浙江，也有《浙江省企业工资支付管理办法》；《民法典》也有内容涉及劳动者的权益、人格尊严和隐私保护等问题。

经济发展、各行业态快速更迭，让新职业、新行业、新就业形态层出不穷。传统行业有传统行业的"打法"，"新赛道"有"新赛道"的规则。中国社会结构的多样性、经济和文化的多元化，传统观念与时代新兴理念的交织交融，造就了职场的丰富多

职场课

彩、复杂多样。

互联网技术升级迭代，共享员工、灵活用工等新形态就业方式兴起，在一定程度上改变了企业用工关系，相关劳动维权争议出现，可能一时难以找到对应的法律条款对其进行解释。很多人忽然发现，每逢有职场"新物种"出现，一些原有的法条就不适用于判断和处理现下的新情况了。

这是最坏的时代，也是最好的时代，只要社会还在发生变化，职场进阶的机会就仍然存在。但是，不确定性增加，变化越来越频繁，如何适应，对职场人来说是考验也是挑战。

笔者的观点是，无论职场如何变化，刚柔并济，永远是行稳致远的不变法则。刚，是守护合法权益的法律武器；柔，是职场待人接物的观念和技巧。能将两者结合在一起，即便面对棘手问题，仍能理性、自如地用刚柔相济的手法处理，就是职场"江湖"中的高手。而成为这样不怕"风浪"的高手，如果没有高人从旁指点一二，恐怕要花很多年，多走不少弯路。

作为采写、编辑过众多职场报道，对职场有多年深入观察的前资深媒体人，笔者觉得有必要写一部职场"启蒙"书，用真诚的表达对初入职场"关键期"的常见问题进行深入剖析，各个击破，让读者对如何刚柔并济地"行走"职场"江湖"有基本概念和科学理解。

这本书，没有生搬硬套管理学、心理学的专业词汇，也没有机械教条的 ABC。笔者精选了职场发展初期年轻人普遍关注的问题和话题，通过具有典型性、可读性、思辨性的职场故事和相关的法律条款，用过来人真实职场经历、遭遇和智慧（部分案例人名采用化名)，接地气的语言，为年轻的职场人指点迷津、打气加油。

"不确定的是环境，确定的是自己。"当职场上的不确定因素增加，我们能做的就是以正确科学的职场认知、从容的职场心态应对职场上的各种问题，在正当权益受到侵害时懂得拿出法律武器保护自己，进退有度，少走弯路，更快成长，更快成才。

变化不停，学习不止。你我共勉。

2022 年 5 月 28 日于上海

目　　录

职场课

択业篇

选好赛道再开跑

在变化加速的时代，有没有"稳定"的职业？

稳定，是打工人择业的标准之一。

"我希望能在贵司工作到退休""我想在这个行业好好打拼"，面试的时候听到年轻人说这类话，用人单位多半是高兴的。能找个稳定靠谱、安心工作的员工，何尝不是它们的夙愿？

但是，在这个变化加速的时代，"稳定"的"铁饭碗"似乎越来越难找了。不光是抗风险能力弱的中小企业，连打工人们趋之若鹜的大厂也动辄"优化"掉整个产品线，不是直接裁员就是"提效降薪"。

行业热度衰退、公司业务调整、老板优化裁员，是悬于打工人头上的"达摩克利斯之剑"。高校毕业生签订的三方就业协议墨迹未干就被用人单位"放鸽子"已不稀罕。在各种未知变数面前，和业务纯熟、人脉丰厚的业内资深人士相比，新人通常处于被动地位，选择权十分有限。

不过，我们可以试着换个角度重新审视工作稳定性这个问题。你有没有想过，一些看上去"稳定"的工作未必真的适合你；如果一味求"稳定"，你或许会丧失潜在的发展机遇。"稳定"的真正含义可能和你的认知有所差别。

職場課

換个角度看"稳定"

如果你还未正式踏上工作岗位，或者踏上工作岗位不久就遇到了变化和动荡，免不了要再度花时间和精力求职，但至少，你以较少的时间成本避开了一个"坑"。

举个例子。因为进入强监管时代，曾经高薪"抢人"的在线教育行业，情况急转直下，开启"万人裁员"模式。从业者要么去做线下教师，要么被动改行。比起那些技能被锁定在在线教辅行业的资深人士，新人重新学习其他技能、转变方向所付出的时间成本和沉没成本要小得多，调转船头的"阵痛"也少了很多。从这个角度来说，行业新人的损失不大，完全可以通过自己的努力重新振作，寻找新方向。

而为了片面追求稳定，则可能要直面想象与现实的落差。

李米在广告公司做了两年文案。这些年，受疫情影响，她所在的公司业绩大幅下滑，不复风光。公司有比例地裁员提效，大批同事改行，让她感到了危机。经过思考、征询家人的意见后，她决定考公务员。然而，当她废寝忘食海量刷题、"过五关斩六将"考上基层公务员，骄傲地捧上了"铁饭碗"，她才忽然发现，自己对这份工作严重"水土不服"。

基层的工作不容易做，不仅有日常的各种琐碎事务，打交道的人中不乏比挑剔的客户更难缠的"刺头""钉子户"，需要用加倍耐心去磨。重要节假日、突发疫情等特殊时间段加班加点、超负荷工作也是她此前从未料到的。工作稳了，但李米后悔了。她不是没有想过重拾旧业，却拗不过家人的反对和行业整体"入冬"的大势。

事实上，像李米这样为求"稳"进退两难的人并不少见。有人为了考上教师编制挤破头后，发现这份工作根本不如想象的来得那么清闲，便想转身"逃走"，这才意识到，以自己所掌握的技能很难找到其他心仪的工作，只能尴尬地待在"原地"。高速公路人工收费站被电子不停车收费系统（ETC）取代时，一位收费站大姐说："我今年36岁了，青春都交给了收费站，除了干这个啥也不会……"这番"教训"能不让人警醒吗？

有人击败众多竞争对手，拿到国企录用通知书（offer），却发现自己无法应对复杂的人际关系，工作看似简单却处处受阻。还有人想方设法进了事业单位，却没躲过地方编制精简、单位转制的时代大潮。

为"稳定"而"稳定"，不一定是能令人在工作中获得愉悦的选项。所以，想清楚，这是初入职场、准备"撸起袖子加油干"的你想要的吗？

时间不等人，职场的成长期更是值得分秒必争。毫无疑问，积极向上的职场生涯应该尽力避免因方向选择失误造成的蹉跎。显然，对于"稳定"的错误认识，很可能将你引入一段职场的"歧途"。

初心既定是求稳根本

事实上，人们对"稳定"工作的认知误区，源自传统思维的裹挟，也来自工作本身随时代发生的变化。

有人试图给出求"稳"的"最优解"："找一个朝阳行业，

职场课

然后做一个有耐心的老员工。"但现在，变化日益加速，所谓的"有前景"的工作说不定没过几年就会发生颠覆性的变化，对人才需求的质和量也会随之变化。就像十年前，你无法想象智能手机会如此轻松地取代个人电脑，微信会取代短信；你也不会料到，曾如日中天、日进斗金的互联网大厂会开启一边裁员一边招新的模式。

职场无时不刻不在变动。求职择业，关键还是看这份工作所承载的各种属性是否与你对自身的定位、发展目标相匹配。不过，你也不用想得太多。因为，很多核心能力、"底层"能力在职场变革之中仍是坚挺的"硬通货"。

比如，一些传统媒体人之所以转型成为新媒体人、短视频创作者，凭借的是他们多年在传统媒体中历练出的文字驾驭能力、选题内容甄别能力。一部分程序员能从个人电脑端互联网的大牛，蜕变为移动互联网技术骨干、人工智能时代的技术大咖，凭借的正是扎实的编程基本功，对专业知识强劲的自我更新能力。再比如，一些线下销售成功转战线上直播，仰赖的也是他们此前积累的"识人识货"的选品能力和金句迭出的销售口才。

职场是否稳定我们难以把握，但让核心能力稳步增长，让自己拥有稳定、从容应对变化的心态，我们可以通过努力做到。认清自己所长，认定自己的发展方向，职场初心就成型了，人自然也就稳定了。

追求稳定的工作并没有错，但为了稳定选择了自己并不喜爱甚至难以长期从事的职业，不求有功但求无过，在岗位上混成了和公司签订无固定期限劳动合同的"咸鱼"，整个过程对内心的煎熬自不必说，很多选择这条路的职场人熬白了头也没法在岗位上更进一步。

纵观那些在职场上"顺风顺水"，发展游刃有余，已经达到成功彼岸或者正在向成功高速进击的职场人，无一不是对职业充满着发自内心的热爱，并且为了这份热爱乐于接受变化，甚至主动拥抱变化的职场"弄潮儿"。所以，如果不是因为生计，不如选择一个自己愿意为之付出时间和精力的工作，好好为之奋斗，成为很难被替代的职场人。

无固定期限劳动合同

《劳动合同法》第十四条规定，无固定期限劳动合同，是指用人单位与劳动者约定无确定终止时间的劳动合同。用人单位与劳动者协商一致，可以订立无固定期限劳动合同。有下列情形之一，劳动者提出或者同意续订、订立劳动合同的，除劳动者提出订立固定期限劳动合同外，应当订立无固定期限劳动合同：（一）劳动者在该用人单位连续工作满十年的；（二）用人单位初次实行劳动合同制度或者国有企业改制重新订立劳动合同时，劳动者在该用人单位连续工作满十年且距法定退休年龄不足十年的；（三）连续订立二次固定期限劳动合同，且劳动者没有本法第三十九条和第四十条第一项、第二项规定的情形，续订劳动合同的。用人单位自用工之日起满一年不与劳动者订立书面劳动合同的，视为用人单位与劳动者已订立无固定期限劳动合同。

法律小贴士

根据《劳动合同法》第二条、第九十六条，民办非企业单位作为用人单位，以及事业单位实行聘用制工作人员也纳入本法调整。

若劳动者是 2008 年后进入用人单位的，用人单位在与其连续订立两次固定期限劳动合同后，第三次再签订十年期劳动合同的是违反《劳动合同法》的，应当签无固定期限劳动合同。若需辞职，劳动者按《劳动合同法》第三十七条提前三十天书面通知用人单位即可。但也有一些例外。根据《劳动法》第二条和1995 年劳动部《关于贯彻执行〈中华人民共和国劳动法〉若干问题的意见》，排除了公务员和比照实行公务员制度的事业组织与社会团体的工作人员，以及农村劳动者（乡镇企业职工和进城务工、经商的农民除外）、现役军人和家庭保姆等。

签订无固定期限劳动合同就不会被辞退吗？

根据上海市人力资源和社会保障局的解释，无固定期限劳动合同没有一个确切的终止时间，但并不代表没有终止时间。一旦出现了法律规定的情形，无固定期限劳动合同也能够解除。

在签订无固定期限劳动合同的情况下，用人单位与员工解聘必须要有法定理由，若是以法定理由解除或终止，则只用支付经济补偿金就可以了；若没有法定理由想解除或终止，则需要支付赔偿金，即两倍的经济补偿金。

符合《劳动合同法》第三十九条、《劳动法》第二十五条、《劳动合同法实施条例》第十九条的情况的，用人单位解除无固定期限劳动合同没有补偿。其中，因为劳动者原因造成用人单位损失的应当承担赔偿责任。

《劳动合同法》第三十九条规定，劳动者有下列情形之一的，用人单位可以解除劳动合同：（一）在试用期间被证明不符合录用条件的；（二）严重违反用人单位的规章制度的；（三）严重失职，营私舞弊，给用人单位造成重大损害的；（四）劳动者同时与其他用人单位建立劳动关系，对完成本单位的工作任务造成严重影响，或者经用人单位提出，拒不改正的；（五）因本法第二十六条第一款第一项规定的情形致使劳动合同无效的；（六）被依法追究刑事责任的。

《劳动法》第二十五条规定，劳动者有下列情形之一的，用人单位可以解除劳动合同：（一）在试用期间被证明不符合录用条件的；（二）严重违反劳动纪律或者用人单位规章制度的；（三）严重失职，营私舞弊，对用人单位利益造成重大损害的；（四）被依法追究刑事责任的。

也就是说，劳动者严重违反用人单位的规章制度，严重失职、营私舞弊，因从事其他工作而影响本职工作，或者触犯刑法，用人单位可以依法解除劳动合同，不用对劳动者进行补偿，甚至有权追偿损失。

不是 985、211 的毕业生，
职场前途就不光明吗？

　　"急招 985/211 本科生""本科或研究生至少一个毕业于重点院校""海外留学生 / 211、985 院校优先""双非硕士第一学历本科须是双一流院校"……只要打开招聘网站，隐藏在一条条招聘信息中的"学历鄙视链"就会映入眼帘。211 和 985 大学似乎成了职场起步条件，"二本"通常与迷茫、焦虑关联。据说，《我的二本学生》一书就看哭了数千万的二本学生，别提二本以下的学历了。

　　职场的确"卷"，但如果不是 985、211 毕业或是世界名校的海归，职场前途就一片灰暗了吗？肯定不是。

　　手持 985、211 或是海外名校学历，和是否能在职场上做出成绩、完成自我实现，既非必要条件，也非充分条件。草根出身的农民工也可能成为行业翘楚，顶级名校的高材生也有被裁后就业高不成低不就，多年闲居，靠太太每月的工资生活的。

　　一些自媒体网传的数据是，2022 年全国高考的一本录取率约为 13% 左右，考入 211 大学的，占全国考生总数的 4.83%，考入 985 大学，占全国考生总人数的 1.69%。数据是否可信，我们也可以从高校数量得到侧面验证。据教育部官网数据，2021 年 9 月 30 日，全国高等学校（不包括港澳台地区）共计 3012 所，其中本科 1270 所，专科 1486 所。在网上普遍被引用的数据是，全国一本院校有 191 所，211 大学有 115 所，985 大学有 39 所。各层次高校数量和网传的高考录取比例倒也有所对应。也就是说，无论从网传数据看，还是从官方、公认的数据看，非985、非 211 的双非大学生甚至没有本科学历的人才是职场中的大多数。

职场也是"江湖"，英雄不问出处。一份不够出彩的学历，可能会暂时限制一个人的发展，但是学历只代表了某人在某一阶段的学习能力，不代表工作能力。有名校学历在手固然会让新人有一个较高的起点，但不可否认的是，即便没有这块敲门砖，也不妨碍金子经过磨砺锻造之后熠熠发光。

敲开门只是个开始

当然，如果你有 985、211 学历，那你的职场初始平台可能不一样。凭借名校毕业的光环，急于吸引高层次人才的城市会为你提供诸如直接落户、购房补贴等各种福利和便利，而各行业的大厂的人力资源专员（HR）则会在上万份简历中对你的那份投来热切的青眼，"一见钟情"。

然而，这并不意味着双非高校的毕业生没有机会。虽然你可能拿不下核心岗位，虽然像销售、客服这样的岗位可替代性和流动性很大，但当你熬过了适应期，找到了适合自己的生存之道，在岗位上站住了脚，从这一刻起，比拼的就不是学历了。

有人力资源公司做过观察，并不是所有的岗位都会看学历下菜碟儿。企业在招聘过程中发现，工科和技术类岗位专业对口硕博应届生，确实有很大概率对专业知识掌握、理解得更扎实、更深刻。而像市场、创意、文案、销售、人事、行政这类岗位，学历与工作能力的相关性就没那么强，个性、情商、沟通表达、理解能力、反应能力和对专业本身的学习能力更为重要。尤其是需要团队作战的岗位，人们发现，和高情商的同仁一起共事，要比和"高智商＋低情商"的队友工作起来顺畅。只要"能打能干"，好沟通、好说话，吃苦耐劳，团队领导（leader）对于部下是不是名校毕业没那么在乎。甚至很多团队领导本身就不是名校毕业的。

用人单位最希望看到的，是新员工入职之始就能上手工作，从媒体、广告到建筑、化工，甚至是体制内的不少岗位，"宁要熟手不要生手"，各行各业莫不如是。换言之，在职场硬核实力的比拼中，一份实打实、含金量高的履历远比学历来得重要。

学历充其量是为你开启了一道门、一扇窗，助你登上某个发展平台。但选择适应自己特点的职业方向，日后在工作中付出的心血，在历练中掌握的技能，才是成就职场之路的真正基石。

多走几步弯道超车

没有名校学历加持的职场人，一样可以成功。

农民工、高中辍学的"打工妹"朱雪芹从苦练缝纫制衣开始，把学到的知识运用到车间工序的改良当中，成为制衣企业一线骨干。同时，她还用业余时间攻读管理专业，提高自身综合素质，多年之后成为上海市首位农民工全国人大代表，用自己的社会影响力，为农民工争取权益，呼吁更多的人关注农民工问题。

"别看骑手门槛低，真想跑好，需要拼头脑、拼服务。"外卖小哥宋增光，也是将一份"低门槛"的工作干出了花。对没有给出好评的顾客，他买毛绒玩具上门向顾客道歉以获得谅解；订单闲时，他主动帮商家收拾餐盘、打下手，将心比心赢得了友谊；当与其他公司的外卖小哥在同一商务楼赶同一部电梯时，仅几秒沟通，他便将各自的外卖作了同楼层"合并"，分工帮带、效率倍增。

从普通骑手，到站点站长，再到总部培训专员，开启一路升迁的宋增光因为了解一线的疾苦，正在想方设法减轻外卖小哥的工作压力，和他一起共事的名校毕业生们也无不因他的励志故事对他礼敬有加。

食品店柜姐成为全国劳动模范，电信行业客服蜕变为行业标兵，下岗女工重新学技术逆袭成为上海工匠，这都是被媒体反复报道的鲜活案例。

你或许认为这其中有"幸存者偏差"（survivorship bias），从众多普通人中脱颖而出的毕竟是少数，但他们用胜于雄辩的真实经历告诉人们，没有名校学历光环加持的人，同样可以谱写属于自己的职场乐章。就像《令人心动的 offer》选手、从二本起步、人称"背背辉"的丁辉所言："我很清楚，哪怕只是比别人多走几步路，但正是这几步路，让我们来到了相同的目的地。"

而且，现在国家相关部门也在想方设法消除"学历歧视"，相信对普通院校毕业的职场新人来说，未来的路也会越来越宽。三百六十行，行行出状元，为梦想奋斗，人人都有出彩的机会。

职场课

2021 年 11 月，人力资源和社会保障部印发《关于职业院校毕业生参加事业单位公开招聘有关问题的通知》(以下简称《通知》)，要求深入贯彻习近平总书记在中央人才工作会议上的讲话精神和对职业教育、技能人才工作的重要指示精神，落实党中央、国务院关于积极推动职业院校毕业生在参加事业单位招聘等方面与普通高校毕业生享受同等待遇的要求，促进职业教育事业发展和技能人才队伍建设。

《通知》要求，事业单位公开招聘要树立正确的选人用人理念，破除唯名校、唯学历的用人导向，切实维护、保障职业院校（含技工院校，下同）毕业生参加事业单位公开招聘的合法权益和平等竞争机会。

《通知》提出，鼓励引导职业院校毕业生积极投身乡村振兴事业，职业院校毕业生与普通高校毕业生同等享受艰苦边远地区基层事业单位公开招聘倾斜政策。乡村振兴重点帮扶县基层事业单位工勤技能岗位补充急需紧缺技能人才的，可面向职业院校毕业生专项招聘。

少有人走的路，未必不能成就理想

职场人都有自己的职业理想。有的人梦想成为精英翘楚，有的人希望能"步步高升"，还有的希冀有一方任凭自己驰骋的自由天地。正因为梦想不同，朝着理想前进的追梦方式也各不相同。

不过，总体来说，职场发展路径无非这么几条：按照自己的学历、能力等条件，找一份与之相匹配的工作，用多年时间按部就班，一步一步积累经验，然后靠着"论资排辈"或实际业绩逐级晋升，等待进一步蜕变。"骑牛找马"，以升职加薪作为标配每隔几年就跳一次槽，在新的岗位上不停历练成长。再一种是审时度势，用前瞻性的眼光发掘一片职业"蓝海"，成为快人一步的"弄潮儿"。当年的互联网和如今炙手可热的芯片、人工智能行业人才都属于这一型。

然而，凡事总有例外。

国家电网上海市浦东供电公司张江科学城能源服务中心主任兼数据管理组组长谢邦鹏，本硕博均在清华大学就读，被称为"三清博士"。然而，他踏入职场之初，自愿选择扎根一线，成为一名电力工人。

博士去一线当工人，不解者有之，质疑者有之，惋惜者有之。而现在，谢邦鹏已经成为全国劳动模范、行业技能领军人物，很多人这才看清楚他的职场进击之路。从小树立了成为一名

职场课

优秀的工程师梦想的他，心里很清楚，要实现工程师梦想的第一步，就是要去一线实践。

当我们看惯了"循规蹈矩"的职场发展路径之后，再回过头来看看，实际上，不走寻常路、不按常理出牌的职场人大有其人。有高校就业指导师告诉笔者，近几年来，毕业生的就业方向越来越多元，不仅是跨专业就业和创业保持了一定的增长势头，而且，一些准新人、新人面对多个 offer，也常作出令人意想不到的选择。

职场成长路径日趋多元化，朝向心目中的职业理想进阶的路径越来越多，只要不刻意禁锢自己的思维，说不定，不按常理出牌也能找到适合自己、不同以往的职场成长之路。

"高职低就"不委屈，一线工作积累真知

比起谢邦鹏，人们更为熟悉的案例是北大骄子陆步轩卖猪肉的故事。出生于 20 世纪 60 年代的陆步轩，毕业时被分配到柴油机配件厂。出乎他意料的是，没多久工厂突然倒闭。失业的陆步轩没有等待再次被分配工作，而是自己操起了屠刀卖起了猪肉。那一刻，同样有很多人都表示不解，甚至嘲笑他"不求上进"。

而现在，陆步轩已经把猪肉事业做得风生水起，不仅捐款反哺母校，还和大学同学一起办起了屠宰产业学校。凭借深厚的文学功底和多年的一线经验，陆步轩不仅亲自撰写教材，还担任了授课教师，培养了一批通晓整个产业流程的高素质工人，成为职场的励志故事。

另一个被就业指导师群体反复讨论的案例，是精通法语和英

语的西安外国语大学硕士刘双从事高端家政服务工作的事情。这位硕士保姆之前有大型企业外派非洲的工作经历，具有独当一面的工作能力。

"这说明对方非常看好这个行业。"根据多年从事企业第三方人力资源服务的专家分析，刘双看似"高职低就"，其实并不委屈。首先，她的职业规划很清晰，因为对某一个行业有了更深入的了解，在大众对该行业还未有清晰认知的时候进入，她已经具有"先发优势"。"也就是说，很多人还没弄明白这一行人才缺口有多大，市场需求有多强，你先进入这一行，你的学历和实力过硬，你就比别人有了更多学习和锻炼的机会。当更多有实力的人进行业的时候，你已经有了很多经验。"

多年前，硕士、博士研究生多会选择留校，但其中一些人却进入了中学、幼教领域，成为行业中的"凤毛麟角"。"我们也就此做过调查，同样是在一线教学实践，他们因有高学历而有了更多机会，很多人现在都是教育行业中的专家。时间证明了一切，回头来看，他们当时的选择没错。"正如专家所言，一个人始终保持初心、刻苦钻研、不畏艰辛，且不惧外界的干扰，就有很大的可能性把一份"低就"事业做到极致，实现心目中的职业理想。

更多历练之后，方能"知己知彼"

除了各种所谓"高职低就"的职场真实故事外，敢于打破金饭碗、铁饭碗的职场"另类"也并非个例。经济学教师薛兆丰辞去北大教职做知识网红的例子广为人知。同样是从高校辞职开设

职场课

了播音工作室，通过线上方式进行播音教学培训的佳嘉就对薛兆丰的选择有着认同感。

"职场人需要经历一定的社会历练，这可能是一些稳定的岗位无法给予你的，也是你朝着心中理想前进的瓶颈，所以，需要做一些取舍。"佳嘉表示，在高校从事播音主持教学数年，他发现自己作为"校门"对"校门"培养出来的教师，对行业的理解、对教学的理解仅局限于课本、论文和课堂。"如何把课讲好，自己有哪些短板，这都很难在现有的岗位上看出来。"所以，当时佳嘉也作了一个和薛兆丰类似的决定，暂时放下铁饭碗，去市场上历练，练就另一番实力。

在市场竞争的环境下，佳嘉承受着生存和经营的压力，也想过打退堂鼓，但一份"我无处可退"的拗劲助他度过了一个个创业的难关。"难过无助的时候是有的，但这也激发了人的潜力和创造力。"他不仅重新认识社会，重新学习待人接物，而且对专业的理解和把握也更加细腻。

通过对普通人发音培训的观察，他掌握了一套风趣幽默、触类旁通的独特的教学方法。因为在业内做出了一些名气，一度获得了不错的流量，之后，他被一些高校慕名邀请开设讲座。不少对播音配音感兴趣的学生聆听讲座之后觉得，短短一个多小时，这位在社会上历练过的老师就把很多要点点到了，而且话语轻松，课堂笑声不断。据说，因为讲座广受专业学生好评，已经有高校向佳嘉抛出橄榄枝，以优渥的条件聘他回校任教。这一次，他身上的青涩早已褪去，而且起点更高了。

俗话说，条条道路通罗马，职场道路千万条，按部就班中规中矩"守拙"固然是一条路，不过，守住初心的同时有机会尝试一下少有人走的道路，说不定也会看到不一样的风景，收获与众不同的精彩。不走"寻常路"，只要是朝着心中理想的目标进击，又有什么不可以？

突破职业性别藩篱，
反差或能成就优势

职业不应分性别，男女各占半边天。但长期以来，这仅是一种理论上的想象。受到薪酬、体力、观念等因素的影响，一些职业被公认为更适合男性或女性，从而形成某一职业中多年以来性别单一或比例悬殊的"性别隔离"现象。

比如，护士、幼师、保姆是被女性"承包"的行业；而航海、保安、汽修则通常是男性"统治"的领域。用人单位的种种顾虑也造成了隐性的性别歧视、性别藩篱。比如，考虑到年轻女性日后会有产假，在差不多条件的应聘者中，有的用人单位就倾向于甚至优先聘用男性。

然而，随着时代发展，职场观念更加开放和国际化，一些有志者开始打破性别壁垒，选择了"他职业"或"她职业"，将可见的或者隐性的性别藩篱抛于脑后，不惧做行业之中的"少数派"，给曾经由单一性别统领的职业带去了不一样的色彩。

职业性别反差，是挑战也是优势所在

提起职业性别反差，人们首先会想到的，可能是红得发紫的直播带货"一哥"李佳琦。彩妆行业原本是女性的专利，但李佳琦却以一夜之间试口红189支、嘴唇蜕皮的代价，成为掌管女性钱包的"口红一哥"。在女性主导的彩妆行业，李佳琦因为性别反差和一股子拼劲脱颖而出。

一些工科行业让女生们敬而远之，但实际上女性在这个行业中做出成绩来更容易为人们所看见。广东深圳的"汽修女孩"古慧晶就因为成为广东省第一个参加省职业院校学生专业技能大赛汽车机电维修赛项并获一等奖的女生，"意外"火出圈。这位青春洋溢的女生"可白衣翩翩，亦可庖丁解车"的形象留给人们深刻的印象，一度在移动互联网端刷屏。如果获奖者换做男生，就可能因为缺少这种反差很难引起如此多的关注。

事实上，突破性别藩篱的职场人并非"异类"，越来越多的人发现，这条路走得通而且一样可以获得成功。

被称为"孩子王"、在幼教行业深耕近二十年的"好爸爸"周晖，当年执意选择幼教专业，成为整个行业之中"1%"的组成部分。"我可能没有女老师那么细心，没有女老师那么温柔，但是我带出来的孩子一定像我这个哥哥老师一样，阳光，自信，豪爽！"因为"哥哥老师"的科学定位，周晖在幼教行业里站稳了脚跟，收获了"全国优秀教师"的荣誉，用实力和成绩直破职业性别隔离的藩篱。

"90后"詹春珮，是中国交通海事系统第一位无限航区女驾驶员。按以前的行业惯例，女性不用扬帆出海，可骨子里不服输的詹春珮却想抓住机会试一试。她先后参与马航MH370失联客机搜寻、南海巡航、东海"桑吉"轮应急搜救等20多项重大任务，航程累计可绕地球4周，被称为成长为战风斗浪的"海上花木兰"，是蓝色海域强力捍卫者中一抹无法忽视的温柔亮色。

类似的例子遍布各行各业。珠宝设计专业出身的男性美甲师，带领着旗下一众男性美甲师，凭借精湛的技术、贴心的服务赢得了一票"女粉丝"的青睐；"男"丁格尔们个个吃苦耐劳、身手敏捷、温柔体贴，弥补了男护士需求的缺口，化身"暖男"为患者带去温暖力量。

破冰之后形成的职业性别反差，会让从业者备受瞩目，形成独特的优势。可见，凡事总有两面，职业性别反差对从业者来说是挑战，也可以转换成为优势所在。

散发太阳的光辉，要耐得住月亮的寂寞

当然，要成功实现职场性别的破冰之旅，需要有与困难、挫折、非议斗争的勇气，更需要耐得住寂寞、持之以恒的毅力。

《中国教育统计年鉴》2016 年发布的数据显示，我国幼儿园男教师的比例约为 1%。2008 年周晖刚进上海市市立幼儿园之时，这个比例更低。很难想象，当来接孩子的家长指着周晖说"来，跟男阿姨说再见"时，他是何种尴尬的表情。男幼教老师的认可度一度不高，职业理想得不到尊重，女朋友放话不换岗就分手，种种压力一度让他有过放弃的念头。用周晖的话来说，白天跟孩子们在一起很开心、很热闹，晚上回到宿舍里，寂寞、孤独感就会涌上来了。

要散发太阳的光辉，就要耐得住月亮的寂寞。尽管遇到各种困难和不解，周晖还是在家人的鼓励下坚持了下来，并且在带班的过程中越做越好，渐入佳境，不断获得家长的好评和信赖，找到属于自己的春天。同时，他还根据自己的切身体会，组建了"上海市幼儿园男教师沙龙"，让曾经和他一样孤独的男幼教老师

们不再孤掌难鸣，抱团发展，自尊和自信得以彰显。

已经成长为独当一面的见习大副的詹春珮，也有过"随身带着保鲜袋、与晕船抗争"的菜鸟阶段。现在谈及这段经历，她有不可思议的感觉，因为当自己破釜沉舟地准备跟晕船死磕的时候，反而以最快的速度适应了晕船。

前文提到的男美甲师，也在入行之初因"男性没有女性细致"的传统观念受到顾客质疑。但他顶住压力，埋头苦干，每天12个小时跟指甲打交道，不仅用细心感动顾客，而且还从异性审美出发，为顾客提供专业美甲意见。凭此，他获得了不少女性客户的信任和青睐，最终在指甲的方寸天地将职业性别反差优势发挥得淋漓尽致。

这些职场人就在你我身边，他们不是什么流量明星，但他们坚守在平凡岗位上，发掘独特的性别优势，在日复一日的平凡工作中一样发光发热，对身边的同事、从业同行形成莫大的鼓舞和触动。

初入职场的你如果遇到了突破性别反差的机会，千万别将之视为不可逾越的障碍，而应该好好把握机会，将被动化为主动，制造出属于你的职业性别反差，散发出属于你的职场光芒。

男女各占半边天

国务院新闻办公室发布的《国家人权行动计划（2021—2025年）》指出，保障妇女平等就业权利，消除就业性别歧视。规范招聘行为，用人单位在招聘过程中，除国家另有规定外，不得限定男性或者规定男性优先。将就业性别歧视问题纳入劳动保障监

法律小贴士

察工作之中。对涉嫌就业性别歧视的用人单位开展联合约谈。

就业时受到性别歧视如何处理?

受到就业性别歧视的劳动者可以就用人单位违反劳动法律、法规的行为向劳动行政部门举报揭发,请求其及时处理用人单位的违法行为,保障其合法的权益。

《劳动法》第十二条规定,劳动者就业,不因民族、种族、性别、宗教信仰不同而受歧视。

第十三条规定,妇女享有与男子平等的就业权利。在录用职工时,除国家规定的不适合妇女的工种或者岗位外,不得以性别为由拒绝录用妇女或者提高对妇女的录用标准。

《妇女权益保障法》第四十一条规定,国家保障妇女享有与男子平等的劳动权利和社会保障权利。

第四十三条规定,用人单位在招录(聘)过程中,除国家另有规定外,不得实施下列行为:(一)限定为男性或者规定男性优先;(二)除个人基本信息外,进一步询问或者调查女性求职者的婚育情况;(三)将妊娠测试作为入职体检项目;(四)将限制结婚、生育或者婚姻、生育状况作为录(聘)用条件;(五)其他以性别为由拒绝录(聘)用妇女或者差别化地提高对妇女录(聘)用标准的行为。

新兴职业展魅力，
顺应时代之需审慎抓先机

"我说三样东西，您跟我一起重复一遍。""请拨动时针和分针，标出 8 点 15 分。"一边让老人按照指令做指定动作，一边根据老人的表现进行评估打分，这是老年人能力评估师周琴工作的日常。

周琴在沪上一家养老机构工作，但凡有老人要入住，就须经过像她这样的老年人能力评估师的评估。养老机构根据他们出具的评估报告确认护理级别和康复照护。

老年人能力评估师，这是近年人力资源和社会保障部"官宣"的新职业之一。2019 年开始，人力资源和社会保障部每年都会向社会公示一批新职业。

其中，既有应对老龄化社会和银发潮的养老护理职业，也有顺应碳达峰碳中和趋势而兴起的建筑节能减排咨询师等"绿色职业"，还有由旅游消费升级催生的民宿管家、研学旅行指导师等"幸福职业"。这从侧面折射出社会经济发展的新动向，为处在求职期的毕业生增添了择业规划新选项。

但新兴职业具体发展前景如何，由于从业者就业、收入等翔实数据的空缺，会让人产生观望和疑虑的态度。该怎么选？不妨借鉴别人的选择。

职场课

理性选择才不后悔

由于高校专业设置有一定的滞后性，新兴职业通常在学校没有直接对口的专业，需要就业者从其他专业转行。

周琴之前在养老机构做护士，兼任了护理员。对于老年护理岗位，她本有些抗拒，觉得就是帮老人端屎端尿，不愿意和家里人多说自己的工作。但工作了一段时间，周琴却发现，跟老人打交道，和不少老人结忘年交，她很有满足感，内心充实。另外，中国社会老龄化趋势加剧，养老行业中不少岗位都有一定专业技术含金量，这个行业大有前途。

决心扎根养老助老行业的周琴也一直在找新的机会。基于对整个行业的充分了解，在知己知彼的基础上，她决定更进一步，考取了老年人照顾需求等级评估员岗位培训证书，开始从事老年人能力评估工作。

"除了既定的评估规则之外，细心观察的能力以及在实践中积累的经验也很重要，这个工作'越老越值钱'。"周琴表示，从事助老工作的这几年，她成熟得很快，也对人衰老之后的身体和心理状态有了系统的了解，待人接物更为宽容。同时，她较早从事该岗位，在行业中占据了先发优势。仅过了两年，她就和朋友开设了评估工作室，独立执业、带徒弟，培养新人，参与到具体的评估标准制定中。用周琴的话来说，如果当初执意选择进医院做普通护士，恐怕她没法在职场上获得那么多意想不到的"礼物"。

从事新兴职业也可能需要付出一定的试错成本。比如，于在线教育最火热的时候入行担任在线学习服务师的小雄也曾手拿高薪、干劲十足。而现在，在线教育遭遇寒冬，他不得不寻找职场转型之路。据 2020 年 9 月北京师范大学课题组联合作业帮发布的《2020 年在线学习服务师（辅导老师）新职业群体调研报告》，K12 头部十余家在线教育机构辅导老师从业者近 10 万人，整个行业处于全速发展的巅峰时期。现在，估计他们中的大部分人也都和小雄一样在重找职业出路。再比如，前几年发展如火如荼的文旅行业催生了民宿管家、研学旅行指导师，但受疫情影响，整个旅游市场萎靡，一些原本有志于这些新职业的人也因为生计转岗、转行。

毫无疑问，现成的就业机会、未来发展前景是新兴职业吸引人们投身其中的重要因素。但一旦行业发展遇到问题和瓶颈，与行业发展相伴而生的新兴职业就可能突然失去了魅力。即便如此，也并不意味着我们要放弃在新赛道站稳脚跟、掌握先发优势的机会。

从"宏中微"入手分析

对新兴职业理性分析，可以减少试错成本，一定程度避免"踩坑"。如何进行理性分析，每个人都有自己的权衡取舍标准，但如果从宏观、中观和微观三个层面进行分析，考虑的因素就相对比较全面和客观。

宏观层面，必须考虑整个社会发展趋势。老年人能力评估师等各种相关养老护理技术岗位之所以被很多人看好，正是因为我国人口老龄化正加速推进。就拿上海来举例子，截至 2021 年 11

月，上海常住人口中 60 岁及以上老年人口 105.03 万人，占总人口的 33%。"三人行，必有一老"，数量庞大的老年人口组成了社会的"银发潮"，也显示出急切的养老护理需求。对于撮合供需双方以物换物，帮助企业应对库存和资金问题、渡过难关的易货师，国务院 2020 年 9 月 21 日首次提出"支持建设易货贸易服务平台"、探索新型易货贸易模式等指导意见，成为这种职业发展的社会基石。随着"绿水青山就是金山银山"理念的深入人心，城市的自然生态修复日益得到社会各界的关注和重视，相关政策和规划陆续出台，则是城市生态修复师崛起的原因。在你决定从事新兴职业之前，不妨先从宏观经济发展、政策引导、社会文化等方面查找线索。

中观层面，即从行业本身的发展来考虑。其中包括行业的市场容量、行业现有从业者规模、人才是否有大量缺口，收入、技术含量、从业门槛、职业的可替代性等方面。人力资源和社会保障部会定期发布相关行业人才缺口，同时，也有一些行业学者、行业媒体会发表文章，对行业的发展各方面进行讨论和报道。这些数据、观点都可以为你的决策提供参考。你还可以向多位从业者请教，以免一叶障目，偏听偏信。

从个人也就是微观层面来说，最重要的是知己知彼，对这个职业具体要做些什么，难点和挑战在哪里，发展路径大致是什么样的，是否真心热爱，你得心里有谱。同时，你对自己的所长和短板也要清楚，是否符合这个职业的基本要求，自己之前所学或所从事的职业与其是否有相同点，可以成为从业的优势；自己的短板是否能通过继续努力进行弥补，以期能在这个职业领域中更长远地发展。即便突然出现不可抗力，自己不得不另谋出路，从事这个新职业时所积累的能力和技能一样能成为自身职场竞争力的一部分。

　　总而言之，从事新兴职业需要慎重考虑，更需要全身心投入、一往无前。明时代之需，尽作为之力，方能不负机遇不负己。

面对"内卷",你愿意去当 "卷烟工人"吗?

"宇宙的尽头是体制内。"近年来,在不够稳定的就业市场环境下,体制内岗位显得十分吃香,毕业生、资深职场人纷纷向体制内进军。事业单位、国企、央企哪怕抛出一个基层岗位,收到的求职简历质量之高、应聘"内卷"程度之激烈,能让招聘单位连呼意想不到。

最典型的例子,莫过于某中原省份卷烟厂招聘"一线岗位操作工",拟招聘 135 人,报名的毕业生多达近千人。最后,人们在录取名单中看到了中国人民大学、武汉大学等 985 名校的毕业生,而拥有硕士研究生学历的就有 41 人,甚至还不乏"海归"。

据说,这些一线岗位要做的事情包括"制丝"和"卷包"。等制丝和卷包工作熟练后,这些名校毕业生就是熟练工了。而此前,干这份工作的工人并不需要高学历。

消息公布后,一片哗然,"大材小用""学历贬值"的言论满天飞。事实上,这些年与之类似的现象并不少见,名校硕士"降维"应聘中小学教师,清北博士争抢县城编制,已经不能算新闻了。

然而,如果你只看到"大材小用""内卷"加剧,或许过于悲观了。工作的起点是比原来预期的低了,但是这并不意味着通往梦想之地的窗口关闭了。

换位思考，当你在各种权衡之下，"委屈"地当上了"卷烟工人"，或者去了一个稳定的工作单位的基层岗位，你会怎么做？你会怎么选？

至少，你的心里不能只有委屈和抱怨，也不能只有进入体制后躺平在钓鱼台的笃定，而是要通过努力为自己创造各种提升和转型的机会。

努力让"大材"有"大用"

卷烟厂愿意招名校毕业生做"一线工人"，一方面是市场就业岗位供需不平衡所致，让企业有了用高材生做流水线工作的底气。稳定的岗位、较高的收入和福利，的确值得毕业生权衡选择。

而另一方面，企业的确急需培养一批技术工人。"3000 块请不动农民工，却能招到一批大学生"，这种说法并非空穴来风。高校专业同质化严重，重理论轻实践，培育出的毕业生职业技能与市场真实所需严重脱钩，导致学历收入倒挂，一线技能人才紧俏——机会已经出现在你眼前了，你不能视而不见。

谁说名校生不能做"一线工人"？你是怕吃苦，还是怕起点太低，影响你的奋斗效率？从最基础的岗位干起，对今后的发展未必没有益处。

笔者曾采访过一位区域房屋维修中心的高管。20 世纪 90 年代初，他大学毕业被分配到房管所。由于一线维修工短缺，他被安排跟着师傅学水电维修。那个年代，大学生干房修，当"马桶师傅"，也被认为是"大材小用"——修马桶、通水管，哪用得着大学生啊?

彼时,这位高管并没有因为所谓的"委屈"裹足不前。抱着必须干出点名堂来的决心,他比其他人更加刻苦地学习房修技能。很多个夏天,他顶着炽热的阳光在楼顶工作,晒成"黑人";冬天,他冒着严寒抢修冻裂的水管,手指上一度满是冻疮;暴雨来袭,他又化身保障居民用水的"逆行者";逢年过节,随时待命,值守岗位的他屡屡错过了与父母妻儿的团聚。

经年累月在一线岗位打拼,不仅让他的技能炉火纯青,也为他之后顺应发展对技术、对管理方式进行大刀阔斧的改革打下了基础。由于他是技术能手转型的管理者,同事们对他都很服气。他后续的工作开展也颇为顺利。再加上他懂得一线的疾苦,常为一线员工考虑,在职场上、行业里有口皆碑,之后的路越走越顺。

对于这位高管,人们现在看到的是荣誉纷至沓来、节节高升,在行业中举足轻重,其实,那段一线奋斗岁月才是成就他职场发展之路的底牌。

任何岗位都需要匠心和创新

"他是从最基础的岗位上干出来的,下面的事情没有他不清楚的,公司的技术没有他不懂的。"在不少用人单位,但凡介绍起这类从基础岗位中脱颖而出的人才,人们多少都心怀敬意。基础岗位磨砺出了不少人才。

但你可能会疑惑,为什么有的人能够出人头地,做出成绩,而另一些人就一直窝在基础岗位上,多年来未曾动过?其实,名校毕业生在"低就"诸如烟草一线工人的岗位时，之所以觉得"委屈"，很大程度是因为惧怕得不到升职机会，担心自己会被埋没。

对于这个问题，首先，职场上我们能作的选择不多。经济蓬勃发展的那些年，我们看到的是名校毕业生怀揣着知名公司的高薪 offer 跨出校门，踌躇满志。他们赶上了就业的好时机。现在，就业市场有所变化，政府相关部门、高校就业办都为促进毕业生就业煞费苦心。就业竞争激烈，才会出现诸如烟厂一线岗位"内卷"严重的情况。识时务者为俊杰，职场人拗不过形势，既来之，则安之，先把技术学扎实了，再图后续发展才是正理。

其次，谁说一线的技术简单了？制丝、卷包其实大有学问，房修技术也是日新月异，只不过外行人不了解。如果能在一线把这些技术钻研透彻，等于是在专业领域闯出了一片广阔天地，还愁没机会做出成绩？看看每年出炉的各地工匠名单，看看每五年评选出的劳动模范、先进工作者，哪个不是在本职岗位上勤恳钻研，摸索出一套自己的方法，对行业的发展起到推动作用的？

所以，没有理由"歧视"一线岗位，问题不在岗位本身，而是在岗位上干的人是否走了心。

就拿媒体工作来说，旁人看来，媒体一线无非采写编，还有同行说，文章好坏就这样了。其实完全不是这回事。记者队伍中出过海明威（Hemingway）、马尔克斯（Márquez）、张恨水，也有混日子、整天拿到采访对象提供的新闻稿原封不动就发稿的，两者完全不能同日而语。

所以，即使从事基础岗位工作，想要做出成绩来，就不能自

职场课

怨自艾地躺平、混日子，用匠心去学习，用创新去浇灌，自然能收获芬芳的果实。

在高材生应聘卷烟厂一线工人消息曝出之前，还有研究生应聘互联网大厂食堂洗碗工的新闻。如果这位研究生真的应聘上岗，他要做的事情是不是在熟悉工作之后，尽快研发出更高效的洗碗方案，甚至对食堂用的洗碗机做一些可行的改造，让洗碗更高效、更节能、更干净呢？这样，他在这个岗位上才算是没有白待。

那些多年被埋没在基础岗位上的人，除了受某些特殊因素影响的之外，他们在思维和行动上是不是也有某些共性？"这只是一份工作""赶快做完赶快回家""明天还要来搬砖"，这些话你是不是常从他们口中听到？

再有，你作为名校毕业生，至少在学习能力上没有问题。而那些获评劳动模范、工匠的，其中不少在文化上有所欠缺，但他们也能用铁杵磨成针的韧性和坚持获得成就，更何况基础比他们好得多的你呢？你听别人说了几句"大材小用"的"吃瓜"闲话，就"委屈"得想不开？说不定，他们说的还是"酸葡萄"话呢。

感觉自己入错了行，"躺平"、
逃离还是坚守？

俗语说："男怕入错行，女怕嫁错郎。"现在，不只男性怕入错行，职场女性也一样。在"知乎"等网站上，只要用"入错行"作为关键词进行搜索，海量信息就会扑面而来。

入错行的职业范围相当广泛，从银行到信息技术，从艺术设计到市场营销，哪哪都有"入错行"的"血泪史"。《参考消息》在 2013 年曾刊登过中国台湾 1111 人力资源银行的职场调查数据，近八成的上班族曾经觉得自己"入错行"，超过 36% 的大学以上学历的上班族觉得自己"学非所用"。而根据《太阳报》报道，授证机构 PeopleCert 在 2019 年年底委托 OnePoll，针对 2000 名成年人进行"工作满意调查"，结果发现超过一半上班族担心自己选错工作，其中 60% 厌倦目前工作的人，一年平均萌生 96 次转工的念头。2022 年，中国青年报社社会调查中心联合问卷网对 2001 名职场人士进行的一项调查显示，63.9% 的受访职场人士表示入错行会导致才能无法施展，影响个人成长；63.2% 的受访职场人士担心入错行会导致工作没有热情，看不到未来发展前景。

"入错行，毁一生""入错行，两行泪"，寥寥几句，饱蘸辛酸。但职场人"入错行"的情况各不相同。有人在入行之初就发现，自己所从事的行业、岗位与之前的想象相去甚远，便开始对

职场课

未来的发展踌躇、茫然。有人入行多年遭遇了发展瓶颈，回头四望，发现那些从前不如自己的同学在职场上竟然比自己发展顺利，产生了后悔入行、患得患失的心态。

"先就业，再择业"是当下不少毕业生对现实作出的妥协，"跨专业就业"不足为奇。正因如此，对于职场人来说，有了入错了行的感觉时，要审慎严肃地分析、应对和处理。

彩虹是坚守者的礼物

入错行，一些人给出的解决方法很简单："工作要有渣男心态，不行就闪，不行就退。"的确，"快刀斩乱麻"地退出，果断干脆，不喜欢现在所从事的工作和行业，"及时止损"的做法也很有道理。毕竟，求职过程中多数时候信息是不对称的。换一个行业，换一个岗位，换一家公司从头再来，少了纠结和焦虑，一样可以洒脱自在。

不得不说，这样的人聪明、精明，以至于他们不愿意承受入行之初必须付出的各种成本。但是，见到困难就逃跑、朝三暮四的做法却会产生更大的沉没成本、隐性成本。最浅显的例子是，当 HR 拿到一份数月就换一份工作的简历，他敢录用吗？聪明反被聪明误，一个因畏惧困难和挑战而时常变换赛道的人，收获可能远低于预期。

实际上，见到职业发展之路上的彩虹的，更多的是那些在坚守之中经过磨砺、经受住考验的人。

一些行业之中的翘楚人物，比如劳动模范、工匠，他们也在入行之初遇到过类似的迷思。

从事洗染工作二十多年的上海工匠王雪峰，是公认的拯救"事故衣"的高手。但是，在入行的头一两年，他也有入错行、想放弃的念头。起早贪黑、高强度的劳动，没有经过正规技术培训、从业经验不足，洗不干净、洗坏衣服，和顾客发生纠纷在所难免。王雪峰曾颇为憋屈，想学像样的技术，却又苦于无处寻觅。"干了一两年，我都有了打退堂鼓的想法，感觉很难做好，没法干下去。"

但是骨子里有股不服输的劲儿的王雪峰，还是咬紧了牙关。在新华书店里转悠，他无意中发现，纺织、印染行业的书籍中倒有内容可以供洗染行业借鉴。因为买不起这些"大部头"，也没钱买数码相机，他偷偷带了纸笔蹲点在新华书店里抄书，还想方设法从印染厂和制革厂拿到一些样品来实验，用"笨办法"完成了知识的积累。

提起当时对他"抄书"睁一眼闭一眼的书店店员，王雪峰现在仍心怀感激。有针对性的知识学习，加上不断在实践中积累的经验，让王雪峰的专业技能有了质的飞跃。不过，归根结底，是这份坚持和坚守让他在洗染行业之中站住了脚，之后的路越走越宽。

深耕护理一线近三十年，黄琴先后获得了全国五一巾帼标兵、全国技术能手、全国五一劳动奖章等荣誉。谁能想到，在入行之初，黄琴也有踌躇和犹豫。

当年，刚到福利院工作，她只有18岁。看着护理人员为孤残人员洗脚、倒马桶，她的心里不免出现问号：这些累活、苦活，让像她这样瘦弱的18岁姑娘如何承受？和她分在同一护理区域的年轻男生，入职当天就打了退堂鼓。"这活怎么干得下去？"男生对黄琴抱怨。当天下班，他把福利院发给员工的一套碗具送给了黄琴，便再也没有回来过。

但吃苦耐劳、韧性十足的黄琴却默默坚持了下来，她耐心了解护理对象的背景、家庭情况、生活环境和习性，寻找合适他们的护理方式，真正走进了那些性格"古怪"的护理对象的内心。在实践中不断总结经验、创新方法、改进工具，现在，她已经成为上海民政系统护理行业的标杆。

干一行爱一行"不吃亏"

感觉自己入错行，无非就是这份工作的待遇、地位令自己十分不满意，或者自己所长和这份工作的要求不匹配。

如果你有很多重新选择的机会，并且付出的沉没成本、时间成本足够小，小到可以完全忽略，那笔者建议你多多尝试，最终选定自己愿意为之长久付出心血去耕耘的行业和岗位。

但我们现在讨论这个问题的前提是，大部分人，在现实的职场中并没有那么多机会。机会来之不易，随时想着止损、退出，没有担当的"渣男心态"是不可取的，否则你也会被大部分 HR 视为"职场渣男""职场渣女"。愿意迎难而上，朝着自己认定的方向出发，砥砺前行，用坚守和钻研开拓发展之路，才是更有效率的做法。

笔者采访过一位垃圾清运行业的劳动模范。当年，他顶替父亲的岗位去垃圾清运船上工作，一个月中半个月都是住在船上。他入行的年代，垃圾船是敞开式、不带空调的那种，天气稍热，蚊蝇满船；天冷时，铁皮船又冷又硬，难以成眠。这在很多人看来，不就是入错行了吗？但是这位劳动模范坚持了下来，不断钻研垃圾船的相关知识和垃圾清运技能，很快成了业务骨干，又晋升为"船老大"。再之后，他参与编写行业教材，并且多次建言改进城市水上垃圾清运方式。现在的水上垃圾清运、装备条件和工作环境都比他入行之初有很大改善，其中也有他的一份功劳。不满意自己的工作，那就用自己的力量去改变它，这位当年在别人眼里"入错行"的垃圾清运工做到了。

如果说在感觉自己入错行的时候及时止损是短线操作的话，那么收益丰厚的长线投资就是珍惜就业机会，在坚守中求得发展。有人"干一行，怨一行"，有人"干一行，爱一行"；有人因彷徨而止步不前，有人选择突破万难，勇往直前。两种截然不同的工作态度，可能导致两种天差地别的结果。

三百六十行，行行出状元。感觉自己入错行，躺平肯定不可取，逃跑也是可一不可二，最终无处可逃。干一行，爱一行，这种能堪大任的心态，才能让职场人走得更远。

做大公司的"螺丝钉"，
还是做小公司的"拓荒牛"？

不少职场准新人在求职过程中会面临一项抉择——大公司、小公司同时给了 offer，该怎么选？

大公司，因为管理成熟、规则明晰、部门分工明确，岗位职能清晰，该有的福利待遇不会少。但进入大公司工作，很可能变成一颗"螺丝钉"，做着自己"分内之事"，想要"越雷池一步"，做些创新、搞些跨界，各种阻碍即刻迎面而来。一些人在进入公司多年之后才摸清楚整个公司如何运作。

小公司，团队不大，分工、管理没那么章法分明，好就好在一切都比较灵活。一些公司的一二把手礼贤下士，和员工打温情牌、感情牌，手把手带教，用良好的关系维系员工的忠诚。一些能力出众的员工雄心勃勃，希望在为公司开疆拓土的过程中，获得全方位的历练，立下汗马功劳，迅速成长、青云直上。不过，小公司通常缺乏大公司所具有的业务稳定性。所以，这些"拓荒牛"中，不少人正用骑牛找马的心态，随时为下一份新工作铺路。

当然，这只是传统的职场观念。现在，不少职场人对大公司、小公司的认知理念已经有了转变。大有大的优势，不少大公司正在积极探索内部革新之路，普通员工未必只能当"螺丝钉"。小公司的职场江湖，浮躁气息也少了很多。一些员工之所以愿意放弃知名大公司的光环，入职小公司，不是为快速晋升，骑牛找马，而是以选择"赛道"的心态，兢兢业业，将自己的发展与公司"绑定在一起"共同成长。

把工作当作"成长平台"，用标准作抉择，你应该不会再纠结。平台不分大小，只要能让自己有更多训练技能、发挥才能的机会，内心因为有获得感和满足感而充实踏实，那就是好平台。

用好平台资源，抓住出彩机遇

"其实，大公司的发展机会不少"，某知名央企工程师老田并不认为自己扮演了"螺丝钉"的角色。他的另一重身份是脱口秀节目中的"红人"，这一切有赖于公司给的机会。

某天下班前，有同事随口说了一句，今天公司有演讲培训。因为工程师经常要进行汇报，演讲也是他们的重要技能之一，老田便参加了活动。没想到，在老师的点拨之下，他对学习演讲技巧萌发了浓厚的兴趣。

"性格使然，我发现幽默演讲特别适合自己。"通过两年的学习锻炼，老田不断精益自己的演讲技能，拿下公司的演讲比赛冠军。信心爆棚的他立刻报名参加某个热门的选秀综艺节目。节目播出后，公司的领导把他的脱口秀视频转到了微信工作群中。

此时，大公司人多、平台大的优势显现出来，不少同事重新认识了老田，还成了他的铁杆粉丝和坚实的"后援团"，为他拉票、助威，为老田增加了底气。之后，公司更是为老田提供了把业余爱好和本职工作结合起来的机会，请他做演讲嘉宾，请他在公司微信号开设演讲示范课，激励他为自己和身边同事增添更多欢乐的能量，激发工作热情。

实际上，现在大公司为员工提供的发展机会趋向多元化。疫情居家办公期间，国内某家网络旅游巨头就斥巨资采购了一批培训内容进行二次开发，为员工在旅游行业"冬天"中提供多种"充电"计划。而某些大型外贸企业平时也为员工准备了语言学习计划，不少员工正是利用这种机会，在工作之余学习了二外。还有的大企业，凭借雄厚的财力直接"放权"，让员工在社会上自行选择进修机构和技能，凭发票报销学费。只要有心，在大公司的平台上，"螺丝钉"都能找到适合自己的发展机遇。

沉下心来"炼内功"，和公司一起成长

"小公司也有好处，关键是你选对了赛道，这种成长机会是你直接入职大公司无法比拟的"，这是一位曾在多家公司就职的HR的肺腑之言。他表示，现在职场上的年轻人求职就业，并不完全看重公司大小，反而对行业的发展更看重。

在诸如人工智能、智能医疗器材、环境治理等新兴产业领域中，不少头部位置的行业翘楚，几年前还都是不知名的小微企业，因为踩在了"风口"上，这几年发展神速。在这样的公司里，尽管年轻人职位晋升有快有慢，有的也会遇到瓶颈，但因为行业和公司被员工看好，所以跳槽率并不高。

"除了他们几个联合创始人之外，我是老板招来的第一个员工"，在仓储机器人研发公司工作的何丹坦言。家里人对她入职初创小公司不是没有过质疑和意见。"做研发很考验公司和员工的耐受力。我们前三年都在'炼内功'，工资待遇没怎么增加，

职位也没有怎么动。"家里人开始担心，这家企业能不能做出产品，甚至能不能存活下去。

但何丹不为所动。因为她并没有把目光聚焦在升职和加薪上，而是一心一意、沉下心来跟随团队做研发、"炼内功"。最终，公司因为电商发展、风投关注而走上了快车道，产品推向市场反响不错，何丹和"小伙伴"们这才初尝"苦尽甘来"的滋味。薪酬增长、职位提升的同时，何丹对仓储机器人的硬核技术了如指掌。但她也没有急着把自己的简历放到招聘平台上。公司虽然仍是"小船"，却已经成为国内机器人研发的头部企业。因而，何丹仍坚信，公司未来能带给她的回报，未必会比大公司的少。

何丹的情况并非个例，她的话道出了不少同龄职场人的心声："实际上，和我抱有同样心态的年轻员工越来越多，一些创企的人员流动甚至要低于一些大企业，因为，我们是以工作带来个人成长效能的多少来评判该留还是该走。"

"白猫、黑猫，抓住老鼠就是好猫"，职场上，虽然有大公司、小公司之分，但好平台不分大小。把发展和成长放在第一位，"鱼和熊掌"的选择题就不会难做了。

抱着"打工人"的小聪明，
HR 为什么就是看不上他？

择业求职和招聘求贤是求职者和招聘单位双向奔赴的过程。"见面三分情"，经过简历筛选后拿到面试机会，可以说，你和用人单位的缘分"八字有了一撇"了。但不少人却在面试时出了岔子，"临门一脚"耍了"小聪明"，被 HR 看出了问题还不自知，满怀希望等着然后，就没有然后了……

不排除一些岗位在公开招聘之前已经有明确的目标人选，公开招聘不过走个流程，无论你是要小聪明还是展现大智慧都没用。但排除这些不可控因素，HR 在面试挑人过程中，会通过一些问题测试应聘者是否具有可培养、可塑造的潜质。不同类型的用人机构、企业都有一套对应的面试题，笔者在此不做一一点评。但其中有一些职场大忌，必须要在此指出。

"一次会议，来了 6 位领导，会议室仅有 5 杯水，如果你是会议室负责人，如何把 5 杯水分配给领导？"这是某知名企业一道真实的面试题。据说，这题难倒了不少高材生。

有一类回答是"把每杯水摆在两个领导中间，让领导自己选择喝还是不喝"。这等同于把你的问题变成领导的问题，看上去是"机智"甩锅，但奠定了你的"败局"。

"打工人"谁没有"小聪明"，但在应对重要事项、重要人物过程中耍小聪明，谁敢把工作交给这样的人，哪怕是名校毕业、智商过人的天才？

在简历基本真实的情况下，HR之所以在面试中设立这些问题，就是为了防止有人在工作中处处耍"小聪明"，扰乱职场秩序，损害其他"老实"员工的正当权益，影响企业风气。HR抛出的问题，看似是刁难，实际上确有深意，通过各种面试题，你应该不难发现，职场忌讳的是哪一种人。

职场不是选秀综艺

还有一道看上去朴实无华、毫无新意的面试题，"你觉得自己有什么缺点？"也是面试官的"试金石"。

有人这样回答："我的缺点就是工作太认真了，经常会忘了休息。"HR接口道："你挺幽默！"应聘者见有机会套近乎，就顺杆往上爬："幽默正是我的优点。"

如果把这段放到脱口秀或者辩论节目中，的确是流利又自然，或许能逗观众一乐，说不定能给收视率加点分。但请注意，这是在真实的职场，应答抖机灵，如同"耍宝"，只能反映出应聘者不够成熟、不识大体、不懂什么场合该说什么话。果然，这位应聘者的面试分凉得透透的，他没等到录用通知。

有没有想过，应聘者面试中为什么大概率会被问及："你有什么缺点？"其实，HR的意图不难揣测，这个简单的问题既考验应聘者的自我认知，也考验临场反应，还可以通过回答初步判断求职者是否会耍"小聪明"，性格、品行是否能与岗位匹配。

应对这道问题，可以有很多种解法，但有必须把握的原则。第一，坦诚说出自己和工作相关联的缺点，但不能是用人单位无法接受的缺点；第二，针对缺点给出解决方案，让面试官、HR知道，你正在身体力行，试图"补缺"；第三，间接暗示自己的某个优点，比如有帮助同事的热心肠，有团队意识云云。

而像"6位领导5杯水"的问题，也没有标准答案。但能肯定的是要及时补救，让每一位领导都有水喝。至于如何圆场，有人以水凉了为由，重新为领导备水；有人以疫情为由，统一换上瓶装水，都无可厚非。如果追责，要主动承认是自己准备不足，没考虑周到，会对这件事情进行反思，并付诸整改。

总之，你要做的是用适度、合宜的真诚和担当，孺子可教的态度，让未来的公司、团队接受你的加入。如果此时你要"小聪明"，甚至为自己"出色"的表现沾沾自喜，则会让招聘单位坚定了拒绝你的决心。

耍"小聪明"并不划算

不只是面试环节，实际上，职场上要"小聪明"，看似能占到便宜，套到近乎，其实并不划算，常"偷鸡不成蚀把米"。

小鹏是某企业新进员工，经过几周的观察，他发现和自己交接工作的老员工今井在耍"小聪明"。今井的手段比较隐蔽，从数月前开始，得知将有新员工接手部分工作，他就暂停了这部分工作，任其混乱成一团。

"本是他职责范围内的事情，他全都移交给我，但我作为新人，没法去告状。"小鹏敢怒不敢言，只能埋头用数周时间，分类、登记、归档。

今井的"拖字诀"不只在这一方面。领导交办的任务完成时间为一个月，今井根本没着手做。小鹏入职时，一个月期限还剩下一周时间。今井和领导说，这个任务他想带新人一起完成，带一带新同事；他把任务最繁琐的部分交给小鹏处理，不明就里的小鹏加了数天班，赶工完成。

今井用小聪明占了新人刚来、不敢多抱怨的便宜。但谁都不是傻子，小鹏很快看明白了其中的关窍。好在他并没有和今井做意气之争。因为踏实肯干，两年内小鹏受到提拔升了职，恰好成了今井的顶头上司。

而此时，今井的劳动合同恰好到期，小鹏如实将其工作状况向上级作了汇报。数日之后，HR 通知今井，为减员增效，公司对其作出劳动合同到期不续签的决定，请今井另谋高就。

故事还未就此结束。今井找下一份工作，用人单位做背景调查。都是同行企业，下家 HR 找到了小鹏聊一聊前下属的能力和品行。

这是职场经常发生的事情。耍小聪明的人只要尝到甜头就不容易收手，很难做回老实人。他们或可得一时小利，却容易因小失大。

劳动合同到期不续签该如何处理？

依据《劳动合同法》第四十六条规定，有下列情形之一的，用人单位应当向劳动者支付经济补偿：除用人单位维持或者提高劳动合同约定条件续订劳动合同，劳动者不同意续订的情形外，依照本法第四十四条第一项规定终止固定期限劳动合同的。

简而言之，如果用人单位不续签劳动合同，需要进行经济补

法律小贴士

偿。如果员工不续签，视具体情况：如果用人单位维持或者提高原来劳动条件，员工不续签的，则不用进行经济补偿；如果用人单位降低原有工资、工作环境、福利水平等劳动条件，员工不续签的，用人单位要进行经济补偿。

补偿多少，在实际操作中有两种做法。第一种是从员工进入单位开始计算，满一年补一个月工资。当然，一些企业在员工到期不续签时，还会给出高于法律规定的其他优惠条件。第二种是将员工在单位工作的时间分为两个部分计算。第一部分是2008年1月1日《劳动合同法》施行之前的时间，此时段适用原《劳动法》，合同自然期满，无需进行经济补偿；第二部分是2008年1月1日之后的，根据《劳动合同法》规定，需要进行经济补偿。

《劳动合同法》第四十七条规定，经济补偿按劳动者在本单位工作的年限，每满一年支付一个月工资的标准向劳动者支付。六个月以上不满一年的，按一年计算；不满六个月的，向劳动者支付半个月工资的经济补偿。劳动者月工资高于用人单位所在直辖市、设区的市级人民政府公布的本地区上年度职工月平均工资三倍的，向其支付经济补偿的标准按职工月平均工资三倍的数额支付，向其支付经济补偿的年限最高不超过十二年。本条所称月工资是指劳动者在劳动合同解除或者终止前十二个月的平均工资。

实际上，不少律师所代理的劳动案件多以第二种做法进行裁判，即补偿的数额从2008年1月1日起计算，在用人单位工作满一年补一个月工资，根据劳动者合同期满前十二个月的平均工资计算，以拿到手的工资为准。

权益篇

避坑指南请拿好

明星都不敢签的"阴阳合同"，怎么就落到你的头上？

进入职场的第一步，是办理入职手续，办理入职手续的第一步，是和用人单位签订劳动合同。正常情况下，用人单位会按照法律规范，和员工签订聘用合同、劳动合同或者第三方劳务合同。

如果用人单位未按照法律规定在用工之日起一个月内订立劳动合同，那要"恭喜"你"中奖"了。只要能证明劳动关系事实存在，你就能通过法律途径得到相应的赔偿。

如果说，拒绝与员工签订劳动合同、不为员工交社保、随意延长试用期是"明枪"，那么，一些别有用心的企业会放出"暗箭"——与员工签订"阴阳合同"。

所谓"阴阳合同"，是指用人单位要求劳动者配合签署两套合同。一套"阴"合同对内，是实际执行的合同，体现实际的薪资待遇；一套"阳"合同对外，由用人单位保管，并不实际执行，是应付人力资源和社会保障部门检查的"障眼法"。

娱乐圈明星都不敢签的"阴阳合同"，为什么会出现在职场上，还会落到普通职场人的头上？

对企业来说，"阴阳合同"能少缴纳社保和税，减少人力资源成本。员工之所以会签下"阴阳合同"，第一种是真被蒙在鼓里，合同被企业偷梁换柱；第二种是急于就业，对用人单位听之任之；第三种是劳动者作为"利益兼得"者，与用人单位合谋，有少缴社保、偷逃税赋之嫌。

无论出于何种原因，"阴阳合同"对劳动者来说都是隐患，是埋在职场之路上的"地雷"，对"阴阳合同"要坚决说不。如果发现自己遭遇"阴阳合同"，更要及时掌握有利证据，避免掉坑。

避坑要诀一：想方设法保留证据

明明谈好了工资、签订了合同，章先生发现自己还是被"阴阳合同"坑了。两年前，他应聘入职某电器公司，双方签订了一式两份的劳动合同。但章先生手中的合同被公司以盖章为由收回。不敢提出异议，章先生留了个心眼，将自己与公司法定代表人关于工资的谈话录了音。

两年后，章先生决定离职。在办理手续时，双方对是否结清工资产生分歧，诉至法院。公司拿出工资明细单，称章先生的工资标准是4500元，工资已经结清。而章先生称，自己每月工资为10000元，并提供了银行交易明细、录音等证据。

电器公司所提供的工资明细单等证据未经章先生签字确认，且与章先生提供的银行明细单内容不相符。而章先生提交的录音证据显示的工资标准与实发工资明细对应。法官据此认定，章先生工资标准为10000元，而不是电器公司所称的4500元。细心留存证据，帮助章先生避开了公司挖的坑。

还有一种特殊的"阴阳合同"——一些关联企业出现了人员混同。A、B两家企业是关联企业，员工轮流与两家企业签订劳动合同，也可能造成问题。

杨先生所在公司的实际控制人注册了两家公司，这位实际控制人让员工每年在这两家公司之间轮换签订劳动合同。杨先生在第一家公司工作一年之后，与第二家公司签订为期一年的劳动合同。一年之后，公司以业务调整为由，不再与杨先生续订劳动合同，并支付一个月的工资作为赔偿金。但杨先生认为，自己的情况属于关联企业之间转移劳动关系，第一年的工龄也应该得到赔偿，于是将公司告上法庭。

杨先生的诉求得到了法院的支持，在法院的调解下，他获得了两个月工资作为经济补偿金。经过此番波折，杨先生也多了一份警惕。"公司实际控制人以 A、B 两家公司的名义与员工轮流签订劳动合同，容易让不知就里的劳动者疏忽，让原本连续的工龄断了档，也使劳动者在主张自己的权益时没了方向"，他表示，之后再遇到类似关联公司人员混用的情况，会事先做足功课，保留好证据，再与对方签约。

避坑要诀二：别自己给自己埋雷

双方当事人发生争议对簿公堂，"阴阳合同"的存在，增加了搞清事实的难度。

签订劳动合同本应当实事求是，遵循诚实信用原则，并符合国家有关规定。出于种种原因，劳动者不得不签，或者合同被公司找借口收回，为了防止日后出现劳动合同纠纷对自己产生不利影响，劳动者可以通过索要收据或复印、拍照的方式来保留相关证据。如果劳动者手中只有一份合同，无论是"阴"是"阳"，如果没有其他证据，通常只能以该份劳动合同为准。

周女士也吃了"阴阳合同"的亏。她与公司签订劳动合同时，双方约定月工资为 10000 元。为了少缴个人所得税，公司又与她约定，在劳动合同中将月工资写成 6000 元，其余款项通过报销住宿费、加油费等方式补齐。

两年后，劳动合同届满，公司拒绝续签。周女士要求公司按每月 10000 元支付两个月的工资作为经济补偿金。但公司拒绝了她的要求，并主张以合同为依据，只愿意按照每月 6000 元的工资标准进行补偿。

周女士在咨询法律人士后发现，她无法证明与公司另有约定，从住宿费、油费等报销费用中也无法找到她主张的工资标准。她不仅无法推翻公司所提供的书面劳动合同记载的内容，而且故意逃税的行为还可能被追究行政责任甚至刑事责任。这是周女士给自己埋的雷，如果她当时秉持原则，拒绝签署与实际履行有出入的合同，怎么可能遇到这种状况。

法律小贴士

劳动合同里有哪些条款？

根据《劳动合同法》第十七条，劳动合同应当具备以下条款：用人单位的名称、住所和法定代表人或者主要负责人；劳动者的姓名、住址和居民身份证或者其他有效身份证件号码；劳动合同期限；工作内容和工作地点；工作时间和休息休假；劳动报酬；社会保险；劳动保护、劳动条件和职业危害防护等。

用人单位不签订劳动合同要承担责任吗?

《劳动合同法实施条例》第七条规定,用人单位自用工之日起满一年未与劳动者订立书面劳动合同的,自用工之日起满一个月的次日至满一年的前一日应当依照《劳动合同法》第八十二条的规定向劳动者每月支付两倍的工资,并视为自用工之日起满一年的当日已经与劳动者订立无固定期限劳动合同,应当立即与劳动者补订书面劳动合同。

关联企业人员混同,解除劳动合同如何计算经济补偿?

根据《最高人民法院关于审理劳动争议案件适用法律问题的解释(一)》第四十六条的规定,劳动者非因本人原因从原用人单位被安排到新用人单位工作,原用人单位未支付经济补偿,劳动者依据《劳动合同法》第三十八条规定与新用人单位解除劳动合同,或者新用人单位向劳动者提出解除、终止劳动合同,在计算支付经济补偿或赔偿金的工作年限时,劳动者请求把在原用人单位的工作年限合并计算为新用人单位工作年限的,人民法院应予支持。

用人单位符合下列情形之一的,应当认定属于"劳动者非因本人原因从原用人单位被安排到新用人单位工作":(一)劳动者仍在原工作场所、工作岗位工作,劳动合同主体由原用人单位变更为新用人单位;(二)用人单位以组织委派或任命形式对劳动者进行工作调动;(三)因用人单位合并、分立等原因导致劳动者工作调动;(四)用人单位及其关联企业与劳动者轮流订立劳动合同；（五）其他合理情形。

如何推翻书面劳动合同记载的内容？

《劳动合同法》第四十六条第五项和第四十七条规定，在劳动合同到期后，如果用人单位拒绝续订劳动合同，其应当按照劳动者在本单位工作的年限，以每满一年支付一个月工资的标准向劳动者支付经济补偿。

"月工资"标准究竟是多少，一般以书面劳动合同中的约定为依据。若一方主张口头约定的工资更高或者更低，必须承担举证责任。

《劳动争议调解仲裁法》第六条规定，发生劳动争议，当事人对自己提出的主张，有责任提供证据。

《最高人民法院关于适用〈中华人民共和国民事诉讼法〉的解释》第九十条规定，当事人对自己提出的诉讼请求所依据的事实或者反驳对方诉讼请求所依据的事实，应当提供证据加以证明，但法律另有规定的除外。在作出判决前，当事人未能提供证据或者证据不足以证明其事实主张的，由负有举证证明责任的当事人承担不利的后果。

服务期、竞业限制才不是劳动者
单方面的"紧箍咒"

娱乐圈时不时会曝出这类新闻：明星和经纪公司闹掰，明星单方面解约，经纪公司索赔数百万甚至上千万元。听上去很魔幻，似乎和普通职场人没多大关系，而事实上，职场中在某些情况下，用人单位也会向离职员工发起索赔。这里就不得不说到服务期和竞业限制。

某飞行员因辞职被航空公司索赔 500 万元"分手费"，起因是双方签订了服务期协议；某员工在海外总部接受专业技术培训归来不久跳槽，被公司追究违约金，理由也是约定的服务期尚未到期。

同样，关于竞业限制的职场新闻也不少。一算法工程师因违反竞业限制协议被索赔 200 万元；月薪 7000 元的技术测试骨干，违反竞业限制协议跳槽被判赔偿 30 万元。某老牌互联网公司员工遭"辞退还被启动竞业，导致至今不能求职"。

服务期限制、竞业限制是《劳动合同法》赋予用人单位保护自身权利的手段，市场经济环境下尤为受到用人单位的重视，也逐渐成为劳动争议的高发领域。

职场人的每一分收入都来之不易。服务期限制、竞业限制有其规则，并非所有限制协议都是有效的，同样，限制协议也不是企业的"免费午餐"。职场人要避免入了两种限制协议的"坑"，更不能对此漠然置之。

服务期要弄清三个基本问题

服务期是劳动者因接受用人单位给予的特殊待遇而承诺必须为用人单位服务的期限。《劳动合同法》第二十二条规定，用人单位为劳动者提供专项培训费用，对其进行专业技术培训的，可以与该劳动者订立协议，约定服务期。按照法律专业人士的解读，三类人员必须签订服务期协议：一是用人单位花费多于用常规手段的费用招聘的人员，比如高层次引进人才、特殊引进人才等；二是投入大额资金进行过特殊培训的人员，例如飞行人员；三是用人单位为其提供了特殊待遇的人员，如提供住房、通信设备、交通工具等。在服务期协议中一般都附有确定的违约数额。单位只有提供了专项培训待遇，才可以与劳动者约定服务期和违约金。

对于服务期限制，职场人要注意三个基本问题。其一，本人是不是服务期协议的适用对象。小陆大学毕业，入职某公司后被安排参加了为期一周的岗前培训，培训内容包括公司业务概况、开展业务技巧、角色认识等。培训结束后，公司以提供了专项培训为由，要求小陆签服务期协议。不明就里的小陆稀里糊涂签了。

该份服务期协议载明，公司向小陆提供专业培训花费2万元，小陆须工作满五年后方可离职，否则，应支付高额的违约金。一年后，小陆想要换个工作，却被公司约定的服务期违约责任唬住了。

在咨询律师后，小陆才搞清楚，这份服务期协议是无效的。他参加的岗前培训不属于专项培训，他的情况并非服务期协议的适用对象。专项培训应该具有以下属性：一是须属于专业技术培训，包括专业知识和职业技能培训，不包括诸如业务概况、工作技巧、从业注意事项等；二是须是委托第三方开展，企业内部培训不算；三是企业会支出有凭证的培训费、差旅费等。小陆虚惊一场，对服务期限制也有了清晰的认识。

其二，时间问题。服务期限可由劳、资双方协商确定，一般以五年期居多。服务期可以在劳动合同中约定，也可以在劳动合同履行过程中另行订立协议。合同期与服务期应同步履行，但也会出现服务期长于合同期的情况。当合同期已满服务期不满时，劳动合同应延续至服务期满。不过，在这个问题上，各地的规定不一致。比如，按照《上海市劳动和社会保障局关于实施〈上海市劳动合同条例〉若干问题的通知（二）》，一般会有两种解决方式：第一种，合同期满用人单位放弃对劳动者剩余服务期要求的，劳动合同终止，但用人单位不得追索劳动者服务期的赔偿责任。第二种，合同期满后，用人单位继续提供工作岗位，要求劳动者继续履行服务期的，双方当事人应当续订劳动合同。因续订劳动合同的条件不能达成一致的，双方应按原劳动合同确定的条件继续履行。如果继续履行期间，用人单位不提供工作岗位，视为其放弃对剩余服务期的要求，劳动关系终止。

其三，违约金数额。有公司和员工签订服务期协议，但未约定违约金，这种情况下，劳动者可以不支付违约金。由于没有约定金额，即使公司提出支付违约金的请求，也难获得法律支持。

约定金额过高也是常见的问题。被公司安排去海外总部接受专业技术培训的小许和公司约定：回国后还要为公司服务三年，如果违约，则必须承担违约金6万元。实际上，公司为小许支付的培训费只有4.5万元。小许回国后一年，有其他更好的发展机会，在劳动合同期满时提出离职。公司要求其支付违约金6万元，但小许以劳动合同期满为由，拒付违约金。公司起诉了小许。

法院认为，违约金的数额只能按该公司实际支出的培训费4.5万元来计算。双方约定的服务期限为三年，分摊到每年的培训费为1.5万元。小许未履行的服务期限为二年，因此应支付的违约金不应超过3万元。经过审理，法院判决小许向公司返还培训花费3万元。

竞业限制也有三个问题

竞业限制和服务期限制有相似之处也有不同。竞业限制是为了保护用人单位的商业秘密，避免企业之间不正当竞争，用人单位可以与劳动者约定其在终止或解除劳动合同后的一定期限内不得在生产或经营同类产品、从事同类业务的有竞争关系的其他用人单位任职，也不得自己开业生产或经营与原单位有竞争关系的同类产品或从事同类业务。

小王是某市甲公司的技术测试骨干。他和公司签订了保密及竞业禁止协议书，竞业限制补偿金为离职前年薪的五成。双方约定：对于"任职期间接触、知悉、掌握"属于公司商业秘密的员工离职均设置了六个月的脱密期，约定在职期间及离职后二年内，小王不得以本人或以他人的名义直接或间接从事同公司业务具有竞争性的业务，违约金为100万元。

2020年下半年，甲公司与乙公司建立技术与商务合作关系。一年内，双方订单总额为1200多万元。小王作为甲公司主要测试人员，负责乙公司所定产品的驱动电机标定工作。

2021年1月，小王从甲公司离职。同年3月，他入职同行业的丙公司，还代表丙公司与乙公司洽谈业务，被甲公司发现。2022年，甲公司提起诉讼，认为小王违反竞业禁止协议，要求赔偿违约金100万元，并退还竞业限制补偿金5万余元。小王不同意。双方诉诸法庭。

法院经审理认为，小王的行为违反了竞业禁止约定，应当承担违约责任，并退还竞业限制补偿金。协议约定的违约金为100万元，甲公司受到了经济损失，但丙公司能够与甲公司的客户乙公司合作，并非小王一人之力，酌定调减违约金为30万元。

竞业限制协议不外乎适用对象、时间、金额（补偿金、赔偿金）三个基本问题。作为保护用人单位商业秘密、知识产权等合法权益的重要手段之一，竞业限制所限制的对象多为掌握商业秘密、相关技术或受保护信息的高级管理人员、技术人员等。

小王作为公司技术骨干，的确负有保守用人单位商业秘密的责任。但有的用人单位将竞业限制适用对象张冠李戴，让人啼笑皆非。李某于2019年9月入职甲保安公司，被要求签订竞业限制协议。协议约定李某离职后二年内不得入职本省其他保安公司,否则需向公司支付违约金4万元。2021年9月,李某离职,并于一周内入职同市的乙保安公司。甲公司遂申请劳动仲裁,要求李某支付违约金4万元。仲裁委员会认为,李某仅为从事基础性体力劳动的保安,并不掌握甲公司的商业机密。因此双方签订的竞业限制协议无效,甲公司无权主张违约金,驳回了甲公司的请求。

劳动者为维护自身权益,要签订一份公平、合法的竞业限制协议,需要注意:竞业限制的人员范围不得任意突破;竞业限制的地域应当以能够与用人单位形成实际竞争关系的地域为限;竞业限制期限不得超过二年;合理约定违约金数额,如果过高,就违反了公平原则,劳动者可诉请酌减。

劳动者并非"免费"履约

对劳动者来说,用人单位应约定按月给予劳动者竞业限制补偿,补偿标准不得低于法定标准,否则会被认定为免除或减轻自身责任、排除劳动者权利,约定无效。

某银行与其金融事业部客户经理冷某,在劳动合同中约定了保密与竞业限制条款。之后,该银行以严重违反规章制度为由与冷某解除了劳动合同,但一直未支付冷某竞业限制经济补偿。不久,冷某入职当地另一家银行依旧从事客户经理工作。该银行遂申请仲裁,要求冷某支付违反竞业限制义务违约金并继续履行竞业限制协议。

仲裁委员会认为,银行在竞业限制协议履行期间长达十一个月未向冷某支付经济补偿,造成冷某遵守竞业限制约定却得不到相应补偿的后果。根据公平原则，劳动合同解除或终止后，因用人单位原因未支付经济补偿达三个月，劳动者此后实施了竞业限制行为，应视为劳动者以其行为提出解除竞业限制约定，用人单位要求劳动者承担违反竞业限制违约责任的不予支持，故依法驳回银行的仲裁请求。

劳动者的正常流动应当受到尊重。面对服务期、竞业限制，劳动者一方面应秉持诚实守信原则履行义务，另一方面要关注劳动关系的实质不平等性，避免用人单位免除自己的法定责任，必要时以司法途径捍卫自身合法权益。

专项培训与服务期

《劳动合同法》第二十二条规定，用人单位为劳动者提供专项培训费用，对其进行专业技术培训的，可以与该劳动者订立协议，约定服务期。

劳动者违反服务期约定的，应当按照约定向用人单位支付违约金。违约金的数额不得超过用人单位提供的培训费用。用人单位要求劳动者支付的违约金不得超过服务期尚未履行部分所应分摊的培训费用。

用人单位与劳动者约定服务期的，不影响按照正常的工资调整机制提高劳动者在服务期期间的劳动报酬。

《劳动合同法实施条例》第十六条规定，《劳动合同法》第二十二条第二款规定的培训费用，包括用人单位为了对劳动者进行专业技术培训而支付的有凭证的培训费用、培训期间的差旅费用以及因培训产生的用于该劳动者的其他直接费用。

法律小贴士

竞业限制适用对象

《劳动合同法》第二十四条规定，竞业限制的人员限于用人单位的高级管理人员、高级技术人员和其他负有保密义务的人员。竞业限制的范围、地域、期限由用人单位与劳动者约定，竞业限制的约定不得违反法律、法规的规定。

竞业限制约定

《劳动合同法》第二十三条规定，用人单位与劳动者可以在劳动合同中约定保守用人单位的商业秘密和与知识产权相关的保密事项。

对负有保密义务的劳动者，用人单位可以在劳动合同或者保密协议中与劳动者约定竞业限制条款，并约定在解除或者终止劳动合同后，在竞业限制期限内按月给予劳动者经济补偿。劳动者违反竞业限制约定的，应当按照约定向用人单位支付违约金。

竞业限制补偿金

《最高人民法院关于审理劳动争议案件适用法律问题的解释（一）》第三十六条第一款规定，当事人在劳动合同或者保密协议中约定了竞业限制，但未约定解除或者终止劳动合同后给予劳动者经济补偿，劳动者履行了竞业限制义务，要求用人单位按照劳动者在劳动合同解除或者终止前十二个月平均工资的30%按月支付经济补偿的，人民法院应予支持。

第三十八条规定，当事人在劳动合同或者保密协议中约定了竞业限制和经济补偿，劳动合同解除或者终止后，因用人单位的原因导致三个月未支付经济补偿，劳动者请求解除竞业限制约定的，人民法院应予支持。

第三十九条规定，在竞业限制期限内，用人单位请求解除竞业限制协议的，人民法院应予支持。在解除竞业限制协议时，劳动者请求用人单位额外支付劳动者三个月的竞业限制经济补偿的，人民法院应予支持。

加不加班，都别照抄网传 "整顿师"作业

反向背调、准点下班、拒绝团建、怼天怼地怼老板、一言不合就走人……网传，当"80后"一边加班一边对领导唯唯诺诺，当"90后"还在试图练就摸鱼装模作样好演技，"00后"已经开始重拳出击整顿职场了。

据说，"00后"职场"整顿师"凭着一腔孤勇，做了很多职场人心里幻想要做却一直没敢做的事情——反向管理上级、拒绝加班、反对下班时间社交，"狂怼"人力资源部门，"爽文""爽剧"让人看了大呼过瘾。不过，一时热血上头，"年轻无畏""后浪可畏"的叫好声言犹在耳，我们是不是要反思一下，年轻的你要成为这类所谓的"人间犀利""职场清流"吗？你有没有想过，那些像极了脱口秀段子的"爽文"截图可能是某些人获取流量、制造话题的工具？

"00后"职场"整顿师"的话题之所以能在网络上带节奏，是因为职场不完美，有不合理现象存在，与职场人对高品质、美好生活的切实追求形成了矛盾。不过，即便个别"00后"孤勇地"怼天怼地"，绝大部分"00后"真实的反应却是"不会去整顿职场，最多选择离开""作为公司新人，会尽量融入集体"。58同城、赶集直招发布的《2022年毕业季调研分析报告》显示，在接受调研的毕业生群体中，"愿意加班"的"00后"占比高达88.1%。

在职场上求生存、谋发展，大可不必像网传的职场"整顿师"那么"怼"。遇到不合理对待，正当权益遭用人单位拒绝，职场人能抄的作业，应该是"整顿师"们对法律条款的熟稔，必要时能拿起法律武器捍卫权益。这才是"整顿"职场的高级做法。

把握工作生活的分割线

从"00后"职场"整顿师"话题中，人们不难发现，工作能不能不加班，加班是否能拿到加班费，是最抓人心的内容。

笔者曾被猎头推荐去面试一家新兴科技公司，已经面到总裁轮，眼看年薪40万元的offer即将到手，结果，出于媒体人的习惯，笔者问了总裁一句："您是如何平衡工作和生活的？"

面对媒体抛来的这类问题，企业家们或多或少会透露一些时间管理的心得。但笔者此时的身份是应聘者、职位候选对象。眼前这位总裁立即绷起脸，口气降到了冰点，说完"工作和生活没有平衡，我们这个行业都是这样"一句之后匆忙结束了面试。果然，公司HR也没再来电。

要么加班、要么走人，是国内一些行业的工作常态。相关法律工作者表示，用人单位要求劳动者加班的情况比较普遍，劳动者一般会服从公司工作安排配合加班，但这不代表劳动者失去拒绝加班的权利。此时，"整顿师"的"怼"人话术不值得学，但用法律武器自主把握工作和生活分割线倒是可以借鉴。

史先生就无意中做了一回职场"整顿师"。他在一家电子公司担任课长，2021年6月，公司订单量激增，上级主管安排他

职场课

加班。

"我的岗位属于管理岗，每天只上班 8 小时，不含加班，双方签订的劳动合同也约定了工资标准和上班时间。"史先生属于"刚"型的职场人。公司安排加班时，他因为家中遇到了急事已经请了假。请假未得批准，史先生还是先去处理了家事，没去加班。公司以影响到生产进度安排为由，按照《员工手册》规定，给予其记小过处分一次，记大过处分两次，并最终与史先生解除劳动关系。史先生认为，公司以其拒绝加班作出记过处分，辞退他的行为是违法的，于是申请劳动仲裁。

仲裁庭认为，用人单位安排史先生加班，为临时增加工作内容，应视为变更劳动合同约定内容，史先生有权依法拒绝。用人单位以史先生不服从工作安排为由，对他进行处罚并解除劳动合同不符合《劳动合同法》第三十九条规定的情形，系违法解除劳动合同，裁决用人单位支付史先生违法解除劳动合同赔偿金。

沟通协商是必要前提

不过，也有律师提醒，加不加班，协商、沟通都是必要的前提。

根据法律规定，用人单位在劳动合同履行的过程中，要求劳动者加班属于加重劳动者的义务，需要与劳动者协商一致，只有在劳动者自愿的情况下，才可以安排加班，不得强迫或变相强迫劳动者加班；且安排加班的时间也有限制，每天不得超过 3 小时，每月不得超过 36 小时。如果用人单位因员工不加班而辞退该员工，涉嫌违法解除劳动合同。史先生申请仲裁获得支持就是例证。

其实，职场的很多摩擦都是因为没能实现良好的协商和沟通。用人单位以"傲慢"地下命令的方式强制安排员工加班，不顾及员工个体的实际情况，就可能会有史先生这样拒绝从命的。

当然，普通人能作自由选择的机会不多。如果确有实际情况暂时无法加班，应该尽可能和上级沟通。至少，在依然无法获得通融的情况下，你做事仍有礼有节，遇到与史先生类似的遭遇，保存这些试图沟通、说明情况的证据，也能最大程度维护自身合法权益。至于"怼"，那还是留给段子手和狗血职场剧吧。

也有情况是，员工的确加了班，但是用人单位以各种理由拒付加班费。这个时候，像"整顿师"那样向公司和人力资源部门"开怼"无济于事，可以试试找"外援"来帮助协商、沟通。

王女士在Ａ公司担任项目工程师，按合同实行标准工时制。Ａ公司在《员工手册》中明确规定，员工如有必要加班，必须填写加班申请单，经部门主管批准后报人力资源部备案。而且，《员工手册》的内容已向员工公示，并经员工签字确认。

为某个大项目，部门主管通过邮件安排王女士加班。但实际工作遇到了无法预测的问题，王女士为项目加班的时长远比主管安排的加班时间要多。公司以未申请额外加班为由，拒绝为这部分超出主管安排的加班时长支付加班费，这让王女士心里感到十分委屈。"整个项目持续一年多，我为整个项目付出的心血和时间没得到应有的回报。"但她很快冷静了下来，用保存的考勤记录、部门主管邮件往来截屏等相关材料向公司所在区的劳动保障监察大队投诉。

职场课

监察员介入之后，听取了双方的理由。公司的顾虑并非全无道理。设置加班申请制度，主要是为防止某些员工工作时间"划水"，故意把工作拖延到加班时段完成，索取加班费的情况。监察员表示，部分企业在规章制度中制定加班审批制度，是法律允许的。

而王女士认为，虽然未向公司提出加班申请，但实际工作量超标是导致其延长工作时间的主要原因。监察员在沟通中和公司说明，他们考虑的重点不应该是否认员工的加班时间，而是应该考虑如何加强员工管理、改进工作流程、提高工作效率，让员工在 8 小时内完成所安排的工作。

最终，在监察员的协调下，王女士拿到了应得的加班费。而公司也听取像王女士这样的一线专技人员意见，着手改进加班申请制度。

职场路遇不平，别急着"开怼"，还是想一想，怎么用更高级的方式解决这些问题。不过，值得庆幸的是，我们今天在这里讨论的已经是怎么抄职场"整顿师"作业，而不再是"996 到底是不是福报"的话题。

法律小贴士

劳动者有拒绝加班的权利

《劳动合同法》第三十一条规定，用人单位应当严格执行劳动定额标准，不得强迫或者变相强迫劳动者加班。用人单位安排加班的，应当按照国家有关规定向劳动者支付加班费。

用人单位在劳动合同履行的过程中，要求劳动者加班属于加重劳动者的义务，需要与劳动者协商一致，只有在劳动者自愿的情况下，才可以安排加班，不得强迫或变相强迫劳动者加班；且安排加班的时间也有限制，根据《劳动法》第四十一条，每天不得超过 3 小时，每月不得超过 36 小时。

哪些情况下，单位安排劳动者加班的，劳动者不得拒绝？

紧急情况下，单位安排劳动者加班的，劳动者不得拒绝。根据《劳动法》第四十二条规定，有下列情形之一的，延长工作时间不受本法第四十一条的限制，一是发生自然灾害、事故或者因其他原因，威胁劳动者生命健康和财产安全，需要紧急处理的；二是生产设备、交通运输线路、公共设施发生故障，影响生产和公众利益，必须及时抢修的；三是法律、行政法规规定的其他情形。

变更劳动合同约定内容

《劳动合同法》第三十五条规定，用人单位与劳动者协商一致，可以变更劳动合同约定的内容。变更劳动合同，应当采用书面形式。变更后的劳动合同文本由用人单位和劳动者各执一份。

从 PUA 到 "职场霸凌", 世上没有不委屈的工作?

"做事根本不带脑子" "'996' 是为了你好" "能在这里工作,你应该感恩,别的公司不会要你" ……听到这类话,你第一时间会想到什么? 不错,就是 "职场 PUA"。

智联招聘发布的《2020 年白领生活状况调研报告》显示,有 63.65% 的受访者表示经历过 "职场 PUA"。人格贬损、"画饼" 利用、美化压榨、无故调岗、安排不合理的工作内容,都是 PUA 的套路。

别小觑 "职场 PUA" 的危害,它让职场新人的梦想破灭,"上班心情像上坟"。不仅如此,"职场 PUA" 衍生诸多微妙潜规则还可能直接升级成霸凌。完不成业绩广场裸奔,业绩不佳被逼喝马桶水、吃 "死神" 辣条,不喝领导敬酒就抽耳光,女员工拒绝跳舞被辞退,强令职工在朋友圈转发企业广告并作为发放奖金依据……屡禁不止的霸凌,正在病毒般侵害整个社会的职场生态圈,如果不加以遏止,将严重影响职场人的生存状态。

"成熟点,世上没有不委屈的工作",有人会这样 "开导" 你,在职场里打滚,谁不是这样过来的呢? "职场,不相信眼泪,更没有温柔",大部分职场人也不愿意 "斤斤计较",但我们应该依托法律法规,维护自身的合法权益,对职场霸凌说 "不",至少不要在沉默中等待变为"不良状态维护者"。

学会说不，停止麻木

"我本来觉得老板只是单纯的'毒舌'，但他有能力，有经验，所以，每天工作抱着多学习的心态接受他的指教。没想到部门裁员后，我的工作量猛增，业务不熟、错误频发，老板开始对我各种嘲讽，质疑我的工作能力，后来直接骂我丑、骂我笨。"王某总是被公司总经理人格贬损，公司甚至在未与其协商的情况下，变更了其岗位，从市场部经理调整为前台兼保洁员。

王某不堪"重负"提出辞职，要求公司支付经济补偿。最终，仲裁委员会支持了王某的请求。公司不服，诉至法院，法院也支持了王某的请求。审理案件的法官表示，该案件中公司对劳动者人格及尊严贬损、打压，交付给劳动者超出工作范围的工作内容，都在侵犯劳动者的合法权益。

遇到"职场 PUA"、职场霸凌，"走为上计"，但也绝不是狼狈逃跑，拿起法律武器保护自己，不仅是为自己"重启"一段全新的职场之路，更是为自己的心理进行"清理"，不让 PUA 和霸凌留下阴影。

笔者的同行朋友小 L 也遇到过职场霸凌。在和同事、领导联谊聚餐时，她被一位半醉的领导强行按住脖子索吻。众目睽睽，小 L 果断推开了领导。但从此作为核心岗位人员的她，任何稿件都得不到这位领导的肯定，取而代之的是嘲讽、贬低。好几次，这位领导威胁要直接开除她，让她在部门里差点抬不起头来。业绩明明表现不俗，但年末的各种评优和她绝缘。之后，她还因为这位领导的"煽动"被降级、降薪。在她试图用法律维权时，有其他领导"善意"规劝："你想过这么做的后果吗？""你还想在这个行业立足吗？"甚至连她的亲戚也说："这种事情很常见，很难追究责任，反而会有很多人觉得是你的问题。"

正常的是霸凌，那不正常的就是受霸凌的人了？种种舆论，让小L疑惑、迷惘和气愤，不少同事亲眼见证了霸凌的过程，却鲜有人愿意站出来为她作证，有的甚至还趁机落井下石。小L因为受不了这样的工作氛围，最终离职。但考虑到公开此事可能在下家单位产生负面影响，她并没有追究前领导的责任，却让自己背上了沉重的心理包袱，花了一年多的时间才走出这段心理阴影。

权益"红线"不容触碰

小L的遭遇在职场中有一定的典型性，PUA、霸凌多发生于平日工作中，取证有一定难度，还存在各种阻挠因素。有的职场人甚至是在遭受PUA、霸凌之后多时才后知后觉。

正如办公室男女之间讲"荤话"开玩笑，能否认定为职场性骚扰一样，如何区分职场霸凌，也具有一定的模糊地带。

有专家将职场霸凌行为概括为五大类型：第一类，贬低当事人的意见，公开进行专业上羞辱，指责当事人缺乏努力，使用纪律或惩处程序恐吓；第二类，破坏个人信用，破坏性地影射和讽刺，进行不适当的笑话，持续地戏弄、责骂、侮辱、恐吓、威胁；第三类，包括阻止访问的机会，身体或社会隔离，隐瞒必要的信息；第四类，包括不必要的压力，不可能的最后期限，受到不必要的干扰；第五类，包括不承认毫无意义的任务分配，卸责，反复提醒失误，变更团队目标却瞒着当事人。

无论是否遭到 PUA、霸凌，有几条"红线"不容碰触。其一，不能触犯现行法律法规，包括对职工的健康权、自由权、名誉权的侵害。其二，不能触犯现有劳动法律法规，包括强令职工违反安全规定操作、恶意克扣职工工资、强迫职工签订不缴社保费协议等。其三，不得触犯现有公序良俗，包括使用谩骂语言、当众侮辱等。其四，其给予职工的各类不良行为是重复、经常发生的，持续的时间较长，攻击程度越演越烈，给职工身心造成严重后果的等。

我国暂无相关法律明确界定职场霸凌行为，这或许会让施暴者钻了空子。如果职场人遭遇到 PUA、霸凌，还是要注意搜集相关证据，包括书面材料、电子邮件、微信 QQ 等对话记录（截图）、电话录音、现场录像、证人证言，依托证据前往用人单位工会或当地总工会申诉，寻求帮助；也可以向劳动监察部门投诉或举报，申请劳动仲裁。如果涉及民事侵权行为，可以向人民法院起诉；如果身体受到伤害，遭受关押、击打等，可以直接向公安机关报案。

职场，是成年人安身立命的依靠，也是体现个人价值的重要场所。是金子也要有能释放光芒的舞台。期待更加健康、平等的职场关系。

法律小贴士

严重职场霸凌适用法律举例

《劳动法》第九十六条规定，用人单位有下列行为之一，由公安机关对责任人员处以十五日以下拘留、罚款或者警告；构成犯罪的，对责任人员依法追究刑事责任：（一）以暴力、威胁或者非法限制人身自由的手段强迫劳动的；（二）侮辱、体罚、殴打、非法搜查和拘禁劳动者的。

《劳动合同法》第三十八条规定，用人单位有下列情形之一的，劳动者可以解除劳动合同：（一）未按照劳动合同约定提供劳动保护或者劳动条件的；……（四）用人单位的规章制度违反法律、法规的规定，损害劳动者权益的；……

用人单位以暴力、威胁或者非法限制人身自由的手段强迫劳动者劳动的，或者用人单位违章指挥、强令冒险作业危及劳动者人身安全的，劳动者可以立即解除劳动合同，不需事先告知用人单位。

奇葩情况希望你不会遇到，
工伤判例却应该了解

任何工作都有一定的危险性，哪怕是在星级办公楼工作的白领，也可能因为意外而受伤。说出来别不信，有广告设计师为放松找灵感，工作时间在办公室玩滑板，不小心摔伤。

不过，这起事故不能认定为工伤。虽然是在工作时间、工作场地，但是这名设计师接手的并非滑板产品策划案，而玩滑板也非必要的放松方式。作为有独立思考能力的成年人，应该对室内玩滑板的风险有清晰的认知，其行为属于"自陷风险"。

工伤是职场人绕不过去的话题之一。前一段时间，颈椎病、肩周炎、腰背痛、骨质增生、坐骨神经痛等办公室流行病被纳入工伤的呼声相当高。参加员工旅游崴了脚，打比赛为单位争光扭了腰，在车间被人打伤，雪天上班途中滑跤，出差摔断两颗门牙，食堂吃个工作餐被鱼刺卡伤……各种"奇葩"情况能不能算工伤，也是人们争论的话题。

笔者曾经请教一位劳动维权专业人士，他坦言，现行的法律法规文本相对工伤保险实践滞后。比如，工伤认定规则围绕工作时间、地点制定，但随着外卖员、快递员等职业的出现，劳动者的工作方式已远远超过了法律法规范围。再比如，很多意想不到的场景也导致了分歧。"山西教师加班用餐时猝死，人社部门4次认定不属工伤"并非个例。法院与人力资源和社会保障部门就

职场课

工伤认定认识不同的现象大量存在。

谁都不希望受工伤，更不希望受伤之后还要为能不能认定为工伤不断受折腾。工作生产的安全"红线"要守好，奇葩情况希望此生不会遇到，但是关于工伤的判例，职场人要做到心中有数，做人不惹事，遇事不怕事。

不外乎时间、场所、原因

简单来说，认定为工伤需要具备三个基本条件，即工作时间、工作场所和工作原因。前两者容易判定，但也有例外。而工作原因更是判定的关键。

我们通过几个场景来认识一下三者之间的联动关系。

Q1：小王和小李在上班时间，因私事发生口角，在办公室里扭打，导致两人均受伤，可以认定为工伤吗？

A1：不可以。虽然是在工作时间和工作场所内受伤，但因为私事斗殴，不属于工作原因受到事故伤害。

Q2：下班点刚过，老王在库房清点货物，不慎被掉落下来的货物砸伤，可以认定为工伤吗？

A2：可以。虽然老王受伤时不在工作时间内，但是在工作时间前后在工作场所内，从事与工作有关的预备性或者收尾性工作受到事故伤害的，可以认定为工伤。

Q3：小赵被领导指派去开车接人，从办公室走到停车场时摔倒受伤，可以认定为工伤吗？

A3：可以。小赵在工作时间内，受到领导指派，满足在工作时间内和因工作原因受伤。同时，在来往两个工作场所的合理路线内，也应认定为工作场所。

Q4：保安老李在值夜班时，发现有小偷偷东西，在阻止小偷时被打伤，可以认定为工伤吗？

A4：可以。在工作时间和工作场所内，因履行工作职责受到暴力等意外伤害的，可以认定为工伤。

Q5：小张在公司收取私人快递时不小心摔伤，可以认定为工伤吗？

A5：不可以。虽然是在工作时间和工作场所内受伤，但取私人快递不属于工作原因受伤。

Q6：老孙因心情不好，中午午休时大量饮酒，下午醉酒状态下工作，在车间操作不慎受伤，可以认定为工伤吗？

A6：不可以。虽然受伤满足工作时间、场所、原因，但在醉酒状态下，不得认定为工伤。

Q7：小王在工作期间上厕所时因地滑摔伤，可以认定为工伤吗？

A7：可以。上厕所是必要的、合理的生理需求，与其正常工作密不可分。

Q8：如果小王外出开会，在厕所被狗咬伤了，可以认定为工伤吗？

A8：可以。理由同A7。

通过这些场景问答，我们大概知道了认定为工伤的基础条件。延伸一下，比如雪天上班途中摔跤，人力资源和社会保障部给出的答案是，遇雪天路滑，自己摔倒受伤，虽然发生在上下班途中，但并未受到非本人主要责任的交通事故伤害，不能认定为工伤。

下班顺路买菜，在回家的路上被非机动车撞伤，能不能认定为工伤，就要视情况而定。首先要经公安部门认定是否为交通事故，且非本人主要责任，再看是否符合合理时间和合理路线范围。

同理，年底参加单位工会组织的联欢会，回家路上摔伤，也要看是不是交通事故伤害，是不是非本人主要责任。如果是自己滑倒或者其他原因摔倒受伤的，不能认定为工伤。

再举一个例子，有人在上班时间提前离岗买烟，发生了交通事故，经交通管理部门认定负事故次要责任，可以认定为工伤吗？答案是可以，这名职工违反了企业考勤管理制度，但不属于《工伤保险条例》第十六条规定的不得认定为工伤或者视同工伤的情形。

还有一个疑问是，如果员工工作时违章操作受伤，能认定为工伤吗？工伤保险实行"无过错补偿"原则，其核心内容是，无论工伤是否因劳动者本人的过错、用人单位的过错以及第三人的过错引起，劳动者均应依法享受工伤保险待遇。不过，用人单位也会要求员工赔偿因违章操作造成的经济损失。两者并不矛盾。

实际劳动用工是认定关键

写到这里，我们只说了工伤判例的皮毛。诸如"过劳死""出差被感染""加班用餐猝死""居家视频会议时猝死"等是否能认定为或视作工伤存在较大争议，要以具体判例作为参照。

不过，除了工作时间、工作场所、工作原因这"三工标准"，人们疑问的焦点在于，现在的劳动关系多种多样，派遣员工、挂靠人员一旦发生工伤，向谁申请工伤待遇？

以劳务派遣的形式用工，一旦发生工伤事故，的确容易出现劳务派遣公司与用工单位相互推诿的情况。根据法律人士的解答，派遣公司作为用人单位，应当承担派遣员工工伤保险责任。

被派遣的员工发生工伤后，应由劳务派遣公司到人力资源和社会保障工伤认定部门申请工伤认定，并处理相关工伤保险事宜。若劳务派遣单位与用工单位在劳务派遣协议中约定了补偿办法，劳务派遣单位在承担派遣员工的工伤保险责任之后，可向用工单位追偿。同时，劳务派遣期限尚未届满，在劳务派遣期间因工负伤并被确认伤残丧失部分劳动能力，用工单位不得将派遣员工退回劳务派遣公司。

上海某区法院曾审理过一起特殊的工伤行政案件。韩某将车辆挂靠在速运公司名下经营，雇用任某为驾驶员，任某在工作中因交通事故死亡。案件的焦点是工伤责任的承担主体是否应当为被挂靠单位？

在常规的工伤认定案件中，认定部门首先会要求申请人提供劳动合同或者其他能够证明劳动关系的材料。但这个案件中，工伤认定部门没有确认死者任某和速运公司之间存在劳动关系。很多分包或者挂靠人不符合《劳动合同法》规定的用人单位主体的标准，导致劳动者的合法权益受到损害。

但案件的判定并非找不到依据。法院根据《最高人民法院关于审理工伤保险行政案件若干问题的规定》第三条"个人挂靠其他单位对外经营，其聘用的人员因工伤亡的，被挂靠单位为承担

职场课

工伤保险责任的单位"，认定工伤责任的主体是速运公司。速运公司在承担工伤赔偿责任后可以向实际雇主韩某进行追偿。

此外，还要注意工伤认定的时限、申报材料等，具体可参考《工伤保险条例》。

哪些情况应认定为工伤？

《工伤保险条例》第十四条规定，职工有下列情形之一的，应当认定为工伤：（一）在工作时间和工作场所内，因工作原因受到事故伤害的；（二）工作时间前后在工作场所内，从事与工作有关的预备性或者收尾性工作受到事故伤害的；（三）在工作时间和工作场所内，因履行工作职责受到暴力等意外伤害的；（四）患职业病的；（五）因工外出期间，由于工作原因受到伤害或者发生事故下落不明的；（六）在上下班途中，受到非本人主要责任的交通事故或者城市轨道交通、客运轮渡、火车事故伤害的；（七）法律、行政法规规定应当认定为工伤的其他情形。

哪些情形视同工伤？

《工伤保险条例》第十五条规定，职工有下列情形之一的，视同工伤：（一）在工作时间和工作岗位，突发疾病死亡或者在48小时之内经抢救无效死亡的；（二）在抢险救灾等维护国家利益、公共利益活动中受到伤害的；（三）职工原在军队服役，因战、因公负伤致残，已取得革命伤残军人证，到用人单位后旧伤复发的。

职工有前款第一项、第二项情形的，按照本条例的有关规定享受工伤保险待遇；职工有前款第三项情形的，按照本条例的有关规定享受除一次性伤残补助金以外的工伤保险待遇。

哪些情形不得认定为工伤或者视同工伤？

《工伤保险条例》第十六条规定，职工符合本条例第十四条、第十五条的规定，但是有下列情形之一的，不得认定为工伤或者视同工伤：（一）故意犯罪的；（二）醉酒或者吸毒的；（三）自残或者自杀的。

工伤认定有没有时效？

《工伤保险条例》第十七条规定，职工发生事故伤害或者按照职业病防治法规定被诊断、鉴定为职业病，所在单位应当自事故伤害发生之日或者被诊断、鉴定为职业病之日起三十日内，向统筹地区社会保险行政部门提出工伤认定申请。遇有特殊情况，经报社会保险行政部门同意，申请时限可以适当延长。

用人单位未按前款规定提出工伤认定申请的，工伤职工或者其近亲属、工会组织在事故伤害发生之日或者被诊断、鉴定为职业病之日起一年内，可以直接向用人单位所在地统筹地区社会保险行政部门提出工伤认定申请。

按照本条第一款规定应当由省级社会保险行政部门进行工伤认定的事项，根据属地原则由用人单位所在地的设区的市级社会保险行政部门办理。

用人单位未在本条第一款规定的时限内提交工伤认定申请，在此期间发生符合本条例规定的工伤待遇等有关费用由该用人单位负担。

关于挂靠人员工伤保险责任主体

根据《最高人民法院关于审理工伤保险行政案件若干问题的规定》第三条规定，个人挂靠其他单位对外经营，其聘用的人员因工伤亡的，被挂靠单位为承担工伤保险责任的单位。

"社鱼""摸鱼"一时爽，
职场之路"火葬场"

一时"摸鱼"一时爽。一直"摸鱼"，职场之路可能就要走向"火葬场"了……

入职杭州某汽车销售公司行政经理的余女士，因在上班期间多次、长时间用手机浏览和工作无关的网站被公司发现，收到了《严重违纪通知书》。公司因此与之解除了劳动合同，但余女士不服，提出劳动仲裁，索赔工资收入损失 4.3 万元。结果，余女士的索赔不但没有得到仲裁机构和法院的支持，倒是不小心成了新闻媒体报道中的"反面教材"。

在职场之中，在上班时间"不务正业"的行为俗称"摸鱼"。摸鱼要有度，劳逸结合无可厚非。"只要你把活儿按时、按量干完了，别说'摸鱼'，你摸老板的光头都不犯法。"有人戏谑地说出了"摸鱼"减压对职场人的重要性。

但因为"卷"就选择躺平做经常、长时间"摸鱼"的"社鱼"，可真是下下之选。如果不是具备强大的心理承受力，不怕处处招人嫌，或者家里真的"有矿"，对什么事情都无所谓，根本找不到理由。

"摸鱼"绝非长久之计

上班"摸鱼"，其实在职场上并不少见。2021 年 2 月 22 日，

职场课

前程无忧发布对职场人"摸鱼"情况的调查报告，调查数据显示，71.5%的受访者认为"摸鱼"属于在所难免的现象。

"摸鱼"不等于混，不等于躺平。短时间、适度的"摸鱼"是职场上"劳逸结合"的工作方式，冲泡咖啡、削个苹果小憩片刻，站立放松、短暂交流，都是缓解压力、提高效率的方法。绝大多数企业对这些行为都是"睁一只眼闭一只眼"，有的企业还会为员工提供免费咖啡、点心、下午茶，鼓励员工"摸鱼"小憩。

然而，超过限度的"摸鱼"可能会被用人单位记录下来，进行处罚。某电器集团曾出具过一纸《关于违反员工行为规范的处罚通报》，对企业内部多位"摸鱼"员工进行通报及处罚。除外包人员以外的10名员工，被给予公司全员警告并处罚2分，外包人员清场处理。

据说，被通报的员工"过度摸鱼划水"行为是由技术人员测算得出的。他们估算800 M流量可看视频约1小时，而被通报的员工使用流量均在10 G以上。以此计算，消耗最高的员工在五天内，仅腾讯视频就看了22.5 G，相当于平均每天有5.6个小时在刷视频。

用人单位的规章制度不同，处罚也有轻有重。前文提到的余女士，公司之所以能与之解约不用赔偿，正是因为双方在劳动合同内约定，在一个考勤期内，上班时间浏览与工作无关的网站达三次以上属于严重违纪。合同是自愿签订的，认定有效，合法合规。用人单位据此解除劳动合同，并不违反法律法规禁止性规定。

有这样一笔"摸鱼史"，余女士之后的职场之路只有"自求多福"了。想要逆转下家对其的印象，必须付出加倍的努力。

　　还有一种特殊情况是工作实在太清闲了，以至于如果不自我加压，就只能做"社鱼"了。小贤所在的公司本属于传统行业，公司向电商方向转型在即，但方案迟迟未落定，公司上层人员调动频繁，她所在部门的领导一直更换。半年多了，部门同事"划水""摸鱼"快养成习惯了，没人管、工资照发，简直"爽翻天"。

　　小贤进入这家企业，是抱着学习态度来的。情况始料未及，她一开始也跟同事一起"摸鱼""划水"，但两三个月后，她就感到了恐慌。学不到东西、看不到上升机会。用她的话来说："在职场上被遗忘，是一件令年轻人恐惧的事情。"在细心观察中，她发现，有一些和她一样处于恐慌中的同事抓紧时间做自己的事情，有的学习编程技能，有的在考 CPA 证书，有的在复习报考 MPA，还有的在搞副业。思前想后，小贤觉得虽然现在的日子闲适，但不是长久之计。在一番抉择之下，她还是离开了公司，去了一家创企。

　　不出小贤所料，她离开不久，整个部门都被裁撤，公司对之前长时间"摸鱼"的员工进行了"清算"。据说，前同事中有一批"摸鱼"专业户申请仲裁没得到支持，公司有凭有据。"如果一份工作让你闲得发慌，你就应该考虑后路了。"小贤庆幸自己早日摆脱"摸鱼"状态，并决定以此为鉴。

谁愿意和"社鱼"组团队？

　　社会心理学家里格曼（Ringelman）做过一项实验：他让工人尽力拉绳子并测量拉力。参与人员分别独自拉绳、3 人为一组拉绳、8 人为一组拉绳。实验发现，组成小组时，每个人贡献的

职场课

拉力远不及独自完成时付出的拉力。他将这种个体在团体中不卖力的现象称为"社会懈怠"。

"社会懈怠"很常见，如果某个项目导向的团队分工不清，就可能被"摸鱼"的"社鱼"钻了空子。有人"摸鱼"躺平，就有人负重前行。试想，如果有这样一两条"社鱼"混迹在这一小片池塘里，和你拿着一样的工资，摆着比老板还横的款儿，你还受牵连加班，任谁都会愤愤不平。

新人阿语就遇到过这种窘境，他和两位"老"同事组成了一个项目团队。他发现，只要一有活，"老"同事不是在厕所久"坐"，就是说去抽烟便长时间不归；要是领导直接派活儿，"老"同事就战略性装聋。

阿语为此多次加班，心中叫苦不迭，又不敢在领导面前打小报告。不过，在高人的指点下，他很快找到了对付"社鱼"的方法。"老"同事说来不及做，或者话中推卸责任，阿语便不客气地怼他们，"你不做，难道我做？新人带老人？""老"同事生气说他不礼貌，阿语"诚恳"回应："我认错了，也加过了班了。但你的工作还得做。"

除了用"渣言渣语"扎"社鱼"的心，阿语和领导申请建立了项目工作群，以群助手的身份将上级以及上下游的同事拉进群，每天公布分工任务和项目完成动态。这招专治"社鱼"的"杀手锏"，不仅使得工作推动变得透明，证据留痕，还利用监督团的力量震慑"社鱼"。

凭借出色的协调能力和应变能力，阿语得到领导的欣赏，项目完成不久就被调任核心部门。而两位"老"同事苟延残喘了一段时间之后，被公司"边缘化"，谁也不愿意和他们组成团队。他们在这家公司路还会久吗？答案显而易见。

"摸鱼"违反规章制度，用人单位可以解除劳动合同

《劳动合同法》第三十九条规定，劳动者有下列情形之一的，用人单位可以解除劳动合同：……（二）严重违反用人单位的规章制度的；……

对过度"摸鱼"员工能罚款吗？什么情况下要扣除工资？

罚款要符合法律法规的规定，否则超出部分法律不予认可。

《工资支付暂行规定》第十五条规定，用人单位不得克扣劳动者工资。有下列情况之一的，用人单位可以代扣劳动者工资：（一）用人单位代扣代缴的个人所得税；（二）用人单位代扣代缴的应由劳动者个人负担的各项社会保险费用；（三）法院判决、裁定中要求代扣的抚养费、赡养费；（四）法律、法规规定可以从劳动者工资中扣除的其他费用。

员工因"摸鱼"造成经济损失的，用人单位可以从员工工资中扣除部分作为经济损失的赔偿。

《工资支付暂行规定》第十六条规定，因劳动者本人原因给用人单位造成经济损失的，用人单位可按照劳动合同的约定要求其赔偿经济损失。经济损失的赔偿，可从劳动者本人的工资中扣除。但每月扣除的部分不得超过劳动者当月工资的20%。若扣除后的剩余工资部分低于当地月最低工资标准，则按最低工资标准支付。

法律小贴士

别让休假权闲置，
关键时刻或能解燃眉之急

　　职场人休息休假权利能不能得到充分保障，是老生常谈的问题了。尤其在带薪休假、年休假以及年休假跨年等权益落实上，仍有不小的阻力。

　　每到年头岁尾，诸如"未休年假能在春节前后休吗""未休年假能否要经济补偿"等话题都会引发职场热议。根据现行《职工带薪年休假条例》规定，年休假一般不跨年度安排。单位因生产、工作特点确有必要跨年度安排职工年休假的，可以跨1个年度安排。

　　什么是"确有必要"？用人单位对必要性认定有充分的自由裁量权，轻易就能给出"不必要"的理由，让跨年休假遥遥无期，难以落地。

　　在不对等关系的语境下，职场人个体很难与用人单位抗衡。加班，部门负责人、项目负责人直接下令，少有部下会强出头；休假，则要一层层上报，一道道审批，哪道关口没过都不清楚。而像快递小哥、送餐员、流水线上的工人、媒体记者等计件计酬的工种，休假就意味着没有收入。

　　坚持主张自己权利，"依法维权"，离"卷铺盖走人"可能不远了。当下，裁员往往成为用人单位挟制职场人的"大棒"。

　　不过，无论如何，职场人应有的休假是什么，还是应该要有了解，在关键时刻或能解燃眉之急。

其实，职场人能享受的带薪假种类多种多样，包括年休假、产假、丧假、婚假、工伤假、病假、护理假、产检假、哺乳假等。其中，还有"隐藏款"，比如探亲假。

远离家乡在外打拼的职场人不在少数，但是知道探亲假，并且真的利用好探亲假的人着实不多。笔者周围有朋友也是工作多年才知道探亲假。探亲假的设立旨在适当地解决职工同亲属长期分居两地的探亲问题。能享受探亲假的对象也有严格的限制，除了工作满一年之外，还要满足相关事由条件，并且是在国家机关、人民团体和全民所有制企业、事业单位工作的职工，才可以享受探亲假待遇。职工探望配偶、未婚职工探望父母的往返路费，由所在单位负担。

探亲假有二十到三十天，让能享受假期的职场人回乡处理紧急事宜时多一些空间、游刃有余。

还有一些假期种类在关键时刻能派上用场。法院曾审理过一起"因父去世请假 8 天未获批强行休假被辞"劳动争议案件，还上过热搜。

上海某物业公司考勤管理细则规定，员工累计旷工三天以上（含三天）视为严重违反公司规章制度和劳动纪律，公司有权提前解除劳动合同并依法不予支付经济补偿。王某系该公司保安，2020 年 1 月 6 日，因父亲病重，王某向其主管提交请假单后赶回安徽老家，请假时间为 1 月 6 日至 13 日。因王某做二休一，其中 7 日、10 日、13 日为其休息日。

次日，因公司未准假，王某返回上海。回程途中得知父亲去世，王某向其主管汇报，主管让其安心回家料理后事，王某遂再次回家。之后，公司未再联系过王某。1月14日，王某返回上海，次日上班。1月31日，公司以王某旷工累计已达三天为由解除劳动关系。

王某申请劳动仲裁，要求公司支付违法解除劳动合同赔偿金等。仲裁机构、法院一审、二审均认为，该公司解除劳动合同，属罔顾事件背景缘由，机械适用规章制度，严苛施行用工管理，显然不当，应支付王某违法解除劳动合同赔偿金。

有法律专家指出，在这个案件中隐藏着路程假。根据《关于国营企业职工请婚丧假和路程假问题的通知》规定，职工在外地的直系亲属死亡时需要职工本人去外地料理丧事的，根据路程远近，另给予路程假。随着时代的发展，现在国内的企业已经不止国营企业一种了。由于直系亲属去世对于员工是身心双重打击，所以不论是从文件依据上，还是从伦理上，用人单位管理权的边界设定和行使方式应该善意、宽容及合理。

还有一些假期，需要职场人根据自身需要向用人单位提出。比如，根据《全国年节及纪念日放假办法》，儿童节，不满14周岁的少年儿童放假一天。国家没有规定家长也放假，但是《上海市未成年人保护条例》第十七条规定，"未成年人的父母或者其他监护人不得使未满八周岁或者由于生理、心理原因需要特别照顾的未成年人处于无人看护状态，或者将其交由无民事行为能力、限制民事行为能力、患有严重传染性疾病或者其他不适宜的人员临时照护"。对于学龄前儿童，如果儿童节放假了，那么其家长请事假看护孩子，单位就应当批准。

职场人撸起袖子加油干，不仅仅是为了取得成就，也希望能充分享受合法权益。如果遇到能在员工处理"急难愁"时通融、展现善意，愿意搭把手，"同舟共济"的用人单位，那就好好干吧，这地方有人情味。

年假怎么休？

《职工带薪年休假条例》第三条规定，职工累计工作已满一年不满十年的，年休假五天；已满十年不满二十年的，年休假十天；已满二十年的，年休假十五天。

国家法定休假日、休息日不计入年休假的假期。

哪些人不享受带薪年休假？

《职工带薪年休假条例》第四条规定，职工有下列情形之一的，不享受当年的年休假：（一）职工依法享受寒暑假，其休假天数多于年休假天数的；（二）职工请事假累计二十天以上且单位按照规定不扣工资的；（三）累计工作满一年不满十年的职工，请病假累计二个月以上的；（四）累计工作满十年不满二十年的职工，请病假累计三个月以上的；（五）累计工作满二十年以上的职工，请病假累计四个月以上的。

无法休年休假该如何处理？

《职工带薪年休假条例》第五条规定，单位根据生产、工作的具体情况，并考虑职工本人意愿，统筹安排职工年休假。

年休假在一个年度内可以集中安排，也可以分段安排，一般

法律小贴士

不跨年度安排。单位因生产、工作特点确有必要跨年度安排职工年休假的，可以跨一个年度安排。

单位确因工作需要不能安排职工休年休假的，经职工本人同意，可以不安排职工休年休假。对职工应休未休的年休假天数，单位应当按照该职工日工资收入的300%支付年休假工资报酬。

享受探亲假的条件

根据《国务院关于职工探亲待遇的规定》，享受探亲假必须具备以下条件：（1）主体条件。只有在国家机关、人民团体和全民所有制企业、事业单位工作的职工才可以享受探亲假待遇。（2）时间条件。工作满一年。（3）事由条件。一是与配偶不住在一起，又不能在公休假日团聚的，可以享受探望配偶的待遇；二是与父亲、母亲都不住在一起，又不能在公休假日团聚的，可以享受探望父母的待遇。

"不能在公休假日团聚"是指不能利用公休假日在家居住一夜和休息半个白天。职工与父亲或与母亲一方能够在公休假日团聚的，不能享受本规定探望父母的待遇。

探亲假不包括探望岳父母、公婆和兄弟姐妹。

新婚后与配偶分居两地的从第二年开始享受探亲假。

学徒、见习生、实习生在学习、见习、实习期间不能享受探亲假。

对非国有企事业单位的职工是否有探亲假，国家无规定。这类用人单位的探亲假可由地方规定，无规定的可根据本单位的实际情况，决定是否参考国务院有关规定制定本单位有关探亲假的规章制度。

探亲假的期限

根据《国务院关于职工探亲待遇的规定》第三条，探亲假期分为以下几种：（1）探望配偶，每年给予一方探亲假一次，三十天。（2）未婚职工探望父母，每年给假一次，二十天；也可根据实际情况，两年给假一次，四十五天。（3）已婚职工探望父母，每四年给假一次，二十天。探亲假期是指职工与配偶、父、母团聚的时间，另外，根据实际需要给予路程假。上述假期均包括公休假日和法定节日在内。

第四条规定，凡实行休假制度的职工（例如学校的教职工），应该在休假期间探亲；如果休假期较短，可由本单位适当安排，补足其探亲假的天数。

探亲假的待遇

《国务院关于职工探亲待遇的规定》第五条规定，职工在规定的探亲假期和路程假期内，按照本人的标准工资发给工资。

第六条规定，职工探望配偶和未婚职工探望父母的往返路费，由所在单位负担。已婚职工探望父母的往返路费，在本人月标准工资30%以内的，由本人自理，超过部分由所在单位负担。

扫脸、定位、指纹打卡，
拿什么保护职场人的隐私?

因为不按规定通过钉钉打卡、开放定位，小颖被公司解除了合同。小颖认为，公司没有提供必要的电子打卡设备，要求员工开放定位侵犯了其隐私权，解除合同违法，于是向法院提起诉讼。法院判决认为，公司要求员工在工作时间内打卡不属于侵犯员工的隐私，小颖始终拒绝打卡，不服从管理，公司解除与其的劳动合同不违法。

小颖的事并非个案。在工作场所安装视频监控设备，要求员工告知社交媒体账号，指定使用手机软件开放定位、指纹打卡、刷脸考勤……人工智能、移动互联网等科技的发展，使得用人单位管理手段不断丰富，但员工的隐私保护意识日益增强，双方常常摩擦出"火花"。就有人因为不能忍受用人单位要求用钉钉开放定位愤而离职的。

事实上，不只是在新技术环境下，在很多场景中，职场人要在保护隐私、服从管理之间作权衡。病假审核，个人"隐私权"和用人单位的"知情权"的界限何在?用人单位能以行使管理职权的名义搜查员工的储物柜、办公电脑，甚至私人物品吗?

身在职场，员工不应拿隐私当作逃避管理的挡箭牌，但是，企业对职工的管理权并非无限，而要受法律的制约。

把握保护信息的主动权

其实，在职场保护个人隐私有一个重要的前提，就是捍卫自身的知情权。有律师表示："公司使用先进的管理技术，实行正当的管理行为无可厚非。但是至少要做到三点，一是劳动者同意，二是不涉及个人隐私，三是对采集信息进行严格存储和保密。"

比如，指纹属于个人隐私，虽然国家法律法规并未明令禁止指纹考勤的实施，但公司应当在严格保障公民人身自由权、隐私权的前提下谨慎进行。公司确要使用指纹打卡，员工就必须坚持知情权，同时，还要确保其有严格保密措施。在使用指纹打卡机之前，员工要和公司签订保密协议。在离职时，要确认公司当着自己的面将指纹机内指纹信息销毁等。

虽然要服从用人单位管理，但职场人完全可以利用各种机制，把握保护个人隐私、个人信息的主动权。而当企业管理权触及法律红线，职场人应该对无理要求予以拒绝。

戎先生是酒店的运营人员。一次，酒店保安在戎先生下班时对其随身挎包进行检查，戎先生起初配合，但在保安要求进一步检查包内侧袋时，他予以拒绝并驾车离开。随后，公司向其发出告知书：按照《员工手册》规定，戎先生藐视酒店各项规章制度，并宣扬自身不良情绪，严重违纪。由于戎先生没有按照告知书的期限去人力资源部检讨，酒店向其送达了解除劳动合同告知书。戎先生不服，向法院提起诉讼。

法院认为，酒店《员工手册》中"员工有责任在进出酒店时主动配合保安人员对随身包袋或其他容器进行必要的检查",此项规定违法,属无效规章制度。酒店单方面解除与戎先生的劳动合同,所依据的规章制度违反法律规定、部分理由缺乏事实依据,故法院不予支持。

拿捏好合理让渡的分寸

隐私权可能与用人单位知情权存在竞合,比如,用人单位通常希望掌握求职者的个人信息,尤其是婚育状况、是否携带传染病等。对这些情况的询问,容易引起求职者的不适,继而萌生个人隐私遭到侵害的感觉。但如果用人单位获得劳动者隐私信息仅出于管理目的,那么,劳动者需要让渡一部分的个人隐私。

音响公司员工戴某以病假为由向公司提出请假申请。公司要求戴某提交相关就诊记录、病假单及就医证明,并告知逾期不提供将以旷工处理的后果。戴某则在回复邮件中称:"三甲医院的病假单会在医院存档和记录,由于涉及隐私原因,不方便用电子邮件发送,待我复工后会亲自提交原件。"公司人事处负责人在回复中保证为其隐私保密。但一个多月的时间里,戴某不仅不回复,也不复工。公司以戴某严重违纪为由解除劳动合同。戴某为此申请仲裁、提起诉讼均未获得支持。

法官认为,戴某申请病假后,未及时向公司提交病假单以便于公司审核,经公司多次催告后仍拒不提交。公司在无法核实戴某病假申请合理性的情况下,对戴某作出旷工处理,并依据《员工手册》的相关规定,以旷工作为解除劳动合同的理由之一,并无不当。

"合法""合理"是把握让渡的分寸感的首要条件。

孔女士在把握"合法""合理"的尺度上产生了疑惑。新上任的经理为了查出前任经理侵害公司权益的证据，把包括孔女士在内的员工召到会议室，告知前任经理已被解聘，要求孔女士等人拿出手机，将和前任经理通话的记录逐一翻给吴某查看。

迫于压力，孔女士和同事都照做了。两个月后，孔女士因为其他原因，从这家单位离职。她越细想那天被翻看通话记录的事情，越觉得不对劲，于是向法院起诉，要求公司赔礼道歉并支付精神损害赔偿金。法院经过二审认为，公司的出发点虽然是防止权利受到侵害，但通过召集会议将员工集中起来逐个查看手机的方式来进行所谓的"自力救济"明显超过了合理限度，构成了侵犯孔女士隐私的民事侵权行为，判决公司向孔女士赔礼道歉。

有专家指出，在本案中，如果手机是用人单位配发，手机费由单位承担的，而且用人单位和劳动者特别约定，该手机只能用于公务，判决情况就大不相同，用人单位是有权检查该手机以了解用人单位的业务状况的。这种情况下，劳动者事先已知道该手机是公务用机，用人单位对其进行检查也在劳动者合理预期之内。

劳动者和用人单位的知情权　　　　　　　　　　　　**法律小贴士**

《劳动合同法》第八条规定，用人单位招用劳动者时，应当如实告知劳动者工作内容、工作条件、工作地点、职业危害、安全生产状况、劳动报酬，以及劳动者要求了解的其他情况；用人单位有权了解劳动者与劳动合同直接相关的基本情况，劳动者应当如实说明。

隐私权

法律中的隐私权指的是自然人就其隐私所享有的不受侵害的权利。在劳动用工领域，劳动者的隐私权受到《民法典》的保护。《民法典》第一千零三十二条给出了隐私的定义："自然人享有隐私权。任何组织或者个人不得以刺探、侵扰、泄露、公开等方式侵害他人的隐私权。隐私是自然人的私人生活安宁和不愿为他人知晓的私密空间、私密活动、私密信息。"其中的私密信息包括个人生理信息、身体隐私、财产隐私、家庭隐私、通信秘密、谈话隐私、个人经历隐私及其他有关个人生活的隐私等。第一千零三十三条归纳列举了侵害侵私权的行为，其中第六项规定除法律另有规定或者权利人明确同意外，任何组织或者个人不得实施以其他方式侵害他人的隐私权的行为。第一千零三十四条也规定，自然人的个人信息受法律保护。

居家办公靠自律，"非典型"
劳动关系靠什么保障？

疫情为数字化办公按下了快进键，越来越多的企业开始采用远程居家办公方式。在亚马逊、微软、谷歌和苹果公司，远程居家办公与办公室办公混合模式变成了常态化机制，推特、高盛则允许部分员工永久性居家办公。在国内，携程的"3+2"混合办公模式也备受职场关注。有人说，居家办公或将在几年内成为主流。对这种"非典型"劳动模式，你准备好了吗？

在这里，我们不讨论提高居家办公效率的具体方法。追求仪式感还是穿着舒适的睡衣，是选择固定的工作台还是如厕时捧着笔记本更高效，都因人而异，靠的是自律，说得太细，没必要。

真正和职场人权益密切相关的"灵魂"问题是，居家办公期间，单位可否对员工进行考勤？能主张加班费吗？取消交通、餐饮等补贴是否合法？用人单位能否以居家办公工作为由调整薪资标准？不服从居家办公安排，用人单位能依法解除劳动合同吗？居家办公发生意外是否属于工伤？

2022年疫情期间，某机构在员工居家办公期间，每5分钟抓拍一次人脸，几次抓拍不到就要扣除全部绩效，以至于"大家不敢去上厕所"的新闻引发了热议。

居家办公期间，劳动者在物理空间脱离了用人单位的管理，工作与生活难免混同，劳动用工法律问题随之而来。用人单位怕

职场课

员工居家办公"摸鱼"、出工不出力的心理可以理解，但侵犯隐私权和人格尊严的管理方式明显超越了法律界线。作为一种工作方式，"居家办公"的劳动权益理应得到保障。

具体问题按实际情况安排

对于居家办公"灵魂"问题，法律界人士建议应当区分情形处理。

对于考勤管理，专家建议用人单位综合考虑居家办公的实际场景和业务运行的场景，可以借助钉钉、飞书等辅助工具对员工进行远程打卡，通过在线管理软件设置群公告通知、签到等形式，提醒居家办公员工及时完成具体工作。只要在合理范围内，并且经过明确告知，劳动者应接受、配合管理方式的调整。比如，要求用手机定位打卡考勤，如果用人单位事先取得劳动者同意，并采取严格保护措施，那么，这种出于特殊的目的收集的定位信息不构成侵权。

而"5分钟抓拍"事件之所以引发职场人热议，正是由于居家办公场所与公司办公场所显然是完全不同的两个概念。在工作场合，安装摄像头并提前告知员工，在法律上是不禁止的。但是如果摄像头进入特定场所，尤其是涉及个人隐私时，对这种摄像行为的管理应有严格的规定。根据法律，住宅是不容他人随意侵扰、窥视的私密空间。在居家办公期间，住宅兼具工作场所和私密空间的双重属性，按照法律，用人单位不能突破界线，随意监控员工。

关于收入，首先，居家办公期间，用人单位不能单方面降低劳动者薪资，如确有财务困难，需与劳动者协商，或通过民主程序（职工代表大会、工会等）进行协商达成一致意见后，方可降薪。疫情期间，员工不得不居家办公，有部分用人单位跳过协商环节，单方面以工作量不饱和、不打卡、不跑业务为由，少发工资、不发全勤奖和加班费，只发生活费。这属于未经劳动者同意而变更劳动合同，是违法行为。

其次，对于交通补贴和饭贴，若劳动者和用人单位有明确约定的，应按照约定；如果没有约定，劳动者在居家办公期间，用人单位可以根据补贴性质等情况合理取消与实际出勤有关的交通补贴和饭贴。

主张居家办公加班费，关键在于"认定困难"。法律规定，劳动者主张加班费的，劳动者应举证证明。较稳妥的做法是和用人单位签订居家办公协议，内容包括居家办公的时间从何时起至何时结束，需要完成的工作和任务的刚性指标。有协议作为依据，在加班之前，员工与用人单位提前确认，可以避免不必要的麻烦。

居家办公需依法履责

居家办公期间，职场人还可能会遇到特殊情况。比如，劳动合同在居家办公期间到期的，根据上海市高级人民法院、上海市人力资源和社会保障局《关于疫情影响下劳动争议案件处理相关指导的意见》（沪高法〔2020〕203号），如劳动者系新冠肺炎患者、疑似病人、密切接触者，根据相关规定被采取隔离观察、医学观察或其他紧急措施，在此期间劳动合同到期的，劳动合同期

职场课

限可以顺延至隔离期、医学观察期或其他紧急措施期满时终止。上述人员以外的居家办公的劳动者，劳动合同到期的可以依法终止。

再比如，劳动者能否以担心病毒感染为由居家办公，拒绝到用人单位场所办公？答案是不能。在疫情防控措施解除以后，用人单位有权要求劳动者到办公场所办公，劳动者不得以存在感染风险为由拒绝。

工伤认定仍按"三原则"

争议最大的是居家办公期间的工伤认定。某员工在居家办公期间，日夜工作，因劳累过度诱发心脏病，是否能认定为工伤？更极端的例子是，某公司销售人员按要求居家办公，在网上向客户介绍公司情况时突发疾病，经抢救无效死亡的意外算不算工伤？

根据《工伤保险条例》，认定工伤的三要素为工作时间、工作地点、工作原因。若劳动者是根据单位的要求居家办公，那么其在"家"履行工作职责期间，"家"可以视为工作地点。

负责相关案件审理的法官认为，居家办公时突发疾病，该疾病与其连续加班劳累有关，应当认定为工伤，应当享受相应的工伤保险待遇。

后一个案例中，销售人员病发时仍在履行工作职责，其所处的"家"的场所应当视为工作场所，符合《工伤保险条例》第十五条第一款规定的在工作时间和工作岗位，突发疾病死亡或者在 48 小时之内经抢救无效死亡的情形，所以应当认定为工伤。

需要提醒的是，劳动者居家办公期间，应当保存好考勤及工作的证据，为维护权益提供方便。企业"大气"且"宽容"，员工"自律"且"小心"，才能创造和谐的居家办公劳动关系。

劳动者主张加班费，要承担举证责任

《最高人民法院关于审理劳动争议案件适用法律问题的解释（一）》第四十二条规定，劳动者主张加班费的，应当就加班事实的存在承担举证责任。但劳动者有证据证明用人单位掌握加班事实存在的证据，用人单位不提供的，由用人单位承担不利后果。

居家办公期间，劳动者"玩消失"，长时间不回复、不响应工作安排，构成违反劳动纪律

《劳动法》第三条第二款规定，劳动者应当完成劳动任务，提高职业技能，执行劳动安全卫生规程，遵守劳动纪律和职业道德。

《关于做好新型冠状病毒感染肺炎疫情防控期间稳定劳动关系支持企业复工复产的意见》（人社部发〔2020〕8号）提出，对因受疫情影响劳动者不能按期到岗或企业不能开工生产的，要指导企业主动与劳动者沟通，有条件的企业可安排劳动者通过电话、网络等灵活的工作方式居家上班完成工作任务。

居家办公期间，企业要求员工用摄像头或者手机定位打卡考勤，是否侵犯员工的隐私？

视情况而定。

《个人信息保护法》第二十八条规定，敏感个人信息是一旦

法律小贴士

泄露或者非法使用，容易导致自然人的人格尊严受到侵害或者人身、财产安全受到危害的个人信息，包括生物识别、宗教信仰、特定身份、医疗健康、金融账户、行踪轨迹等信息，以及不满14周岁未成年人的个人信息。

只有在具有特定的目的和充分的必要性，并采取严格保护措施的情形下，个人信息处理者方可处理敏感个人信息。

第二十九条规定，处理敏感个人信息应当取得个人的单独同意；法律、行政法规规定处理敏感个人信息应当取得书面同意的，从其规定。

劳动者的面部识别信息、精确定位信息属于个人隐私。若劳动者明确拒绝，用人单位可采取其他的线上方式对劳动者考勤。如果用人单位事先取得劳动者同意，并采取严格保护措施，出于特殊的目的收集的定位信息则不构成侵权。

灵活就业：自由诚可贵，
权益保障还要从长计议

桌上摆着一堆诱人的美食，边吃边品鉴，看似不经意的一顿吃喝，Vicky 完成了视频录制。因为对美食抱有难以抑制的热情，硕士毕业后，Vicky 成了美食短视频博主，开启了有别于普通上班族朝九晚五的灵活就业生涯。

从快递员、劳务外包工、小时钟点工、专车司机、外卖员，到自媒体人、网络主播、电商运营、文案写手，灵活就业人员已成为无法忽视的劳动者群体。据统计，我国灵活就业人员已达 2 亿人左右。随着首批"00 后"走出象牙塔，灵活就业成为高校毕业生就业的重要选择之一。《2022 大学生就业力调研报告》显示，18.6% 的 2022 届高校毕业生选择了自由职业，较 2021 年提高 3 个百分点。

工作时间有弹性、可自主安排，多劳多得，还能兼顾兴趣爱好，看上去优点多多的灵活就业，却也潜藏多重隐忧：不签劳动合同，劳动权益如何保障？未缴纳工伤保险，遭遇职业伤害谁来负责？无法按时、按量收回薪酬，能向谁求助？

专家给出的建议很中肯：选择灵活就业，不要只看眼前的收入，要综合考量劳动权益、职业发展等问题。

职场课

正视"灵活"风险

不打卡、不坐班，免去职场人际关系内耗，音乐系毕业生于敏正是被灵活就业的自由度吸引，成为了线上钢琴陪练。她的想法在同龄人中颇具代表性："年轻人没必要图所谓的'稳定'，先刷刷经验，攒攒口碑和客户人脉，以后说不定还能和朋友合伙，甚至自己单干。"

但今年年初，于敏的想法变了。做一个小手术，于敏花费了1万多元，对于工作不久有租房压力的她来说，这是一笔不小的开支。"生了病，要静养，不能接单陪练，才意识到有医保很重要。"康复后，她特意打听过，按照目前的相关政策，灵活就业人员可以参加养老保险和医疗保险，一些地方已经对灵活就业人员缴纳社保放开了户籍限制。

享受了灵活就业的自由，就要承担与之相伴的风险与压力。自由摄影师军军外出采风时，遭遇了一场车祸，导致小腿骨折。"治病花了很多钱，也耽误了拍摄，如果是在公司工作，应该要做工伤认定了。"自此，军军开始关心自己的身体，除了定期健身之外，他为自己购买了商业保险。

自由撰稿人小伊还遭遇过甲方拖欠劳动报酬、失踪失联。让她吃惊的是，甲方依然还在某网站上招聘自由写手。"虽然也就几千元钱，但我不希望有下一个受害者，所以就采取了一系列方法，将欠款追讨回来。"她根据工作过程中留存的信息，找到甲方的合作方说明情况，请求协助敦促结清款项。因为合作方对"欠薪"这件事不占责任，所以只和甲方进行了私下协商调解。

但甲方无动于衷，于是，小伊在微博和小红书发截图、说情况，直接 @ 甲方，以此推进追讨欠款的过程。此时，甲方终于按捺不住，主动联系小伊，要求删帖的同时表示解决问题。

补短板，放长线

近年来，灵活就业的新型就业形态崛起和互联网技术发展关系密切。更多高校毕业生的加入，使得灵活就业逐渐呈现出高层次"智力分享""技术分享"的趋势。然而，冲在互联网时代前端的劳动者，既是新就业形态中的受益者，也对其中的弊端深有感受。

有专家表示，高校毕业生普遍会考虑薪酬待遇、行业发展、个人成长等因素，却容易忽视劳动权益维护和兜底保障。

一些自由职业者为图省事儿，通过中介机构挂靠的方式，支付一定的"服务费"来代缴社保，有虚构劳动关系的风险。由于收入不稳定，一些灵活就业者"断保"。比如，有自媒体人在收入大幅下降时，决定回老家发展，"等回去时看看当地政策再说"。但专业人士建议，无论是以何种形式参与劳动，社保都不能忘。

无雇工的个体工商户、未在用人单位参加社会保险的非全日制从业人员以及其他灵活就业人员，可以直接向社会保险费征收机构缴纳社保费。而工伤保险属于雇主责任险，没有用人单位，个人无法参保，建议毕业生根据自身工作性质，选择商业保险进行补充。

为预防拖欠劳动报酬，专业人士建议，合作前要了解对方的所属公司及职位、姓名，并且要有相关的证明，最好能索要营业执照或法人身份证复印件；在确认合作服务意向时，签订盖有公章的合同，并要求对方支付定金；在合作过程中，要留存工作中的信息，包括但不限于甲方的合作方信息、与甲方的聊天记录等。这些材料在一定程度上能预防甲方拖欠报酬，也是日常工作记录的存档。合作结束后，如果对方没有遵循约定履付薪酬，并且在你确认"今后不会再合作"的情况下，可以向所在地法律援助服务热线、工会组织的职工服务中心（需以灵活就业人员身份提前加入工会）、劳动保障监察大队求助、投诉和举报。

还有一些灵活就业者在事业有所起色后，组建工作室，往小微企业的方向发展，不但解决了权益保障问题，还享受到了各地对小微企业的扶持政策红利。

从国家到地方，针对灵活就业人群的保障制度在持续完善，我们期待，新的权益保障法律、政策、办法的出台，能为灵活就业群体免去部分后顾之忧，让他们更体面更有尊严地奋斗。

> **法律小贴士**
>
> **随着灵活就业呈现出规模化趋势，多地、多部门陆续出台政策，为包括高校毕业生在内的灵活就业劳动者保驾护航**
>
> 2020 年 7 月，国务院办公厅印发的《关于支持多渠道灵活就业的意见》指出，把支持灵活就业作为稳就业和保居民就业的重要举措。
>
> 2021 年 7 月，人力资源和社会保障部等八部门联合发布《关于维护新就业形态劳动者劳动保障权益的指导意见》，首次明确平台企业对劳动者权益保障应承担相应责任。针对新就业形态

劳动者面临的痛点、难点问题，从劳动报酬、休息制度、劳动安全、社会保险等多方面补齐制度短板，并将所有新就业形态劳动者纳入劳动保障基本公共服务范围。

2022年1月12日，国务院正式印发《"十四五"数字经济发展规划》，提出健全灵活就业人员参加社会保险制度和劳动者权益保障制度，推进灵活就业人员参加住房公积金制度试点。

2022年《工会法》第三条增加一款规定："工会适应企业组织形式、职工队伍结构、劳动关系、就业形态等方面的发展变化，依法维护劳动者参加和组织工会的权利。"该规定明确了新就业形态劳动者参加和组织工会的权利，为工会组织新就业形态劳动者建会入会提供了坚强的法律保障。

地方层面，目前北京、上海、浙江、广东、安徽、四川等多地均就相关问题陆续推出政策方案。

2022年1月广东省医疗保障局联合国家税务总局广东省税务局印发了《关于进一步做好我省灵活就业人员参加职工基本医疗保险有关工作的通知》，明确四类灵活就业人员可在省内就业地参加职工医保，不受户籍限制。

同月，上海市人力资源和社会保障局等八部门也出台了《关于维护新就业形态劳动者劳动保障权益的实施意见》，聚焦新业态劳动者权益保障面临的突出问题，健全新就业形态劳动者公平就业、劳动报酬、休息休假、劳动安全、社会保险等方面的制度，对新就业形态劳动者权益保障提出了具体要求。

2022年3月，浙江省金华市出台《新就业形态劳动者社会保障集成改革实施方案》，打造"工伤＋补充＋商业"参保新模式，明确发挥用工主体作用的网络平台可以为新业态从业人员单险种参加工伤保险，同时参加工伤补充保险；江苏省常熟市2022年3月1日起试行新业态从业人员职业伤害保险，每人每年缴纳360元，最高理赔标准为每人每年40万元。

职场篇

站稳脚跟靠实战

"三年萝卜干饭"，怎么吃才"真香"?

民以食为天，老上海人把人们赖以生存的工作称为饭碗头，公务员捧的是金饭碗，国企是铁饭碗，找工作就叫寻饭碗头，而新人入行要吃"三年萝卜干饭"。

萝卜干饭不好吃，连清粥小菜都比不上，恰好形容职场新人为适应岗位需求，努力学习、勤奋工作的日子。哪个职场过来人不是从懵懂青涩、忐忑中带着期许的时光走来的？谁不是花了数年心血才把核心技能学到手的？

笔者的"三年萝卜干饭"就是在自信、被质疑、自我怀疑、努力学习、勤奋工作、迎接新挑战的往复循环中熬过的。在学校担任文学社社长、主编校刊，读研期间高频率在主流媒体整版发稿，笔者本以为自己能驾驭各种文章类型，但真正开始新闻采写生涯才发现，很多功夫是在文字之外，那些看不见的地方。

资深记者的过人之处在于，拥有能在平淡无奇的现象中捕捉新闻点、策划深度选题的敏锐嗅觉，以及获得第一手材料的渠道。前者是通过在海量阅读的基础上细细揣摩，不断实践，以及前辈的提点练成的。而后者则是老记者们的独门秘籍，因人而异，即使外传，后辈也可能"接不住"。

笔者入行之初，遇到的前辈中不乏严厉之人。一次，笔者被领导安排临时赶写一篇报纸周刊的头版。因为缺乏人脉积累，笔者费了九牛二虎之力，好不容易联系了知名的财经学者连夜做了

职场课

电话采访，又花了大力气写好了初稿，却被资深责编斥责不够生动，没能写出精英人士生活的高端范儿。尖刻的话语否定了笔者付出的所有努力，笔者只能委屈地躲在报社楼梯间哭了半个小时，然后抹一抹泪痕，坐到工位上重新码字。

若干年后，和其他同行聊起这段经历，他们很吃惊，言下之意是："没想到你有这么菜的时候。"而那位责编之后离职去一家时尚媒体做了专题总监。"你写的稿子真不错。也就你能写这样的文章了。"当他发来褒奖和约稿邀请，笔者意识到了，"三年萝卜干饭"是吃出头了。

新人能吃苦耐劳，戒骄戒躁，静下心来，吃好"三年萝卜干饭"，练好"基本功"，是在职场站稳脚跟的基本条件。不过还好，职场新人不用"蒙眼狂奔"，要把"三年萝卜干饭"吃出"香味"、吃出"营养"，有规律可循。

拜师先把山头拜明白

毫无疑问，获得同行前辈的指点，是把"萝卜干饭"吃出香味的一条捷径。电视剧《我的前半生》中，如果不是贺涵、唐晶等行业大咖手把手亲授，罗子君怎么可能迅速完成从失婚的全职太太到独当一面的咨询行业精英的跃迁？

不过，"教会徒弟，饿死师傅"，每次有新人入职，同一部门的老员工多少都会有被后浪取代的危机感。若非有非常的交情，一般情况下，除了表示礼貌和友善之外，老员工很少主动教授新人。事实上，只要不被办公室前辈刻意刁难，对很多新人来说，已是上上大吉了。

虽然，不必过多纠结于职场人际关系，但新人初来乍到，在寻找贵人指点之前，还是应该先把山头拜明白。有的上司招收新人，是为了弹压不听话的老员工；有的部门领导则希望在山头林立的办公室培植自己的嫡系。有的老员工能力差，但是有自己的"生存之道"；有的老员工热情热心，但嘴碎八卦。其实，无论处于哪种环境，新人采取的最佳策略就是，留一点心观察周遭环境，弄清楚"套路"，做好手头的工作，礼数有加，不卑不亢，沉稳机智，不慌不忙，不谄媚于人前，不表现出明显的站队倾向性，对于来自老员工不合理的要求能心平气和地拒绝。

实际上，老员工们最忌讳的一点，是新人"翘尾巴"，自认为强过所有人。即便有真才实学，一旦被老员工孤立，再加上时不时传到上司耳里的闲话，新人恐怕连入职第一关的试用期都过不了。其实，上司也并非对新人毫无了解，只不过很多情况下，他要顾及大多数部下的想法。这时候，新人很容易被拿来"祭旗"。

不愤不启，不悱不发

一个低姿态、有礼貌、肯吃苦的新人大概率是会被团队所接受的。此时，你就得想办法求教谋发展了。

笔者曾经采访过的劳动模范、工匠中，有不少在入行之初为了拜师，自愿"义务加班"。就像脱口秀OG（元老）李诞在《李诞脱口秀工作手册》所说，年轻人不讨厌有技术含量，能学到东西的加班。除了做好自己的工作之外，这些有志于长远发展的年轻人主动和老师傅结对，主动为其打下手、干杂活，以期获

职场课

得更多受指点的机会。

不少老行尊在谈及新人是否值得栽培或帮助，普遍有三个判断标准，一是会不会来事，二是有没有悟性，三是能不能坚持。

向前辈请教，谦虚尊敬是最起码的态度，会不会来事是加分项。职场不是学校，没有紧密的师生关系。前辈愿意指点，新人就应该用实际行动维系这种珍贵的师徒关系。不少年轻人认为人人平等，对为前辈端茶递水的行为嗤之以鼻。但实际上，天热买瓶水，吃饭抢着买个单，这些细节流露的知恩图报的心意，做师傅的能感觉到。

再说悟性。绝大多数时候，在职场的学习需要自己在实践中去悟，有师傅嘴上没说，允许你在一旁看着，其实是给你留了"偷师"学习的机会。

子曰："不愤不启，不悱不发。举一隅不以三隅反，则不复也。"教导学生，不到他想弄明白而不得的时候，不去开导他；不到他想出来却说不出来的时候，不去启发他。教给他一个方面的东西，他却不能由此而推知其他三个方面的东西，那就不再教他了。职场上的师傅们大多是这个信条的信奉者，所谓的指点，是点到即止。

因为，他们也是过来人，懂得寻找答案的过程很关键，比勤奋更重要的，是深度思考的能力。因此，即便是提问，新人也要经历努力思考解决问题的过程，不能把前辈当百度使。否则，你不仅会被贴上"寄生虫"标签，给人留下随意浪费别人时间的印象，还会被所有人看作是个麻烦。

而更重要的是坚持，持之以恒。如果承受压力就扁了，碰到困难就怂了，有点挫折就跑了，哪怕天赋异禀，这样的新人也是令人失望的。再拿罗子君做例子，像贺涵这样的业界大咖愿意帮助她，一部分原因也正是因为罗子君后期愿意在学习中思考、领悟，甚至能举一反三，受到委屈、刁难时仍然坚持把工作做好。

不过，现实中罗子君常有，贺涵难觅，指望贵人相助，更要相信自助者天助。职场上，真正能帮助你的人，其实就是你自己。

关于试用期

《劳动合同法》第十九条规定，劳动合同期限三个月以上不满一年的，试用期不得超过一个月；劳动合同期限一年以上不满三年的，试用期不得超过二个月；三年以上固定期限和无固定期限的劳动合同，试用期不得超过六个月。同一用人单位与同一劳动者只能约定一次试用期。以完成一定工作任务为期限的劳动合同或者劳动合同期限不满三个月的，不得约定试用期。试用期包含在劳动合同期限内。劳动合同仅约定试用期的，试用期不成立，该期限为劳动合同期限。

试用期劳动者实际上已经与用人单位建立了劳动关系，用人单位必须给予劳动者相应的劳动报酬，并依法缴纳社会保险。《劳动合同法实施条例》第十五条规定，劳动者在试用期的工资不得低于本单位相同岗位最低档工资的80%或者不得低于劳动合同约定工资的80%，并不得低于用人单位所在地的最低工资标准。

法律小贴士

职场课

> **关于试用期解除劳动合同的补偿**
>
> 　　能否得到经济补偿，主要是看用人单位的解除理由。若员工被证明不符合录用条件或有个人过失性行为，如严重违反单位规章制度等而导致单位解除劳动合同的，用人单位不需要支付任何经济补偿。但若是单位提出、双方协商一致或是单位以不能胜任工作为由解除劳动合同的，应向劳动者支付经济补偿。

表达合理诉求需要技巧，
尤其是受了委屈的时候

除了"拼爹"和"带资上班"的少数派，谁都会在工作中受委屈，新人尤甚。"我在这个项目里付出了这么多，功劳全是别人的？""我这么努力了，还不能令他们满意。""我已经忙得没时间上厕所，怎么还在给我加塞？"被误解、被污蔑、被冤枉、被抢功劳、被不留情面地狠狠训斥，职场上只有想不到的委屈，没有遇不到的委屈。成年人哪有什么小确幸，有的全是生活的暴击和无处可说的委屈。

受了委屈还能心平气和、波澜不惊的人少之又少，大多数人免不了要抱怨、要倾诉。虽说职场的事情要在职场解决，但是若向领导和同事吐槽诉苦，不仅没人理会，还可能被贴上"斤斤计较""情绪化""玻璃心"的标签。

笔者有一位从事文字工作的朋友，在换岗后，新领导不断给她的工作加码，又常常毫无缘由地让她反复修改，她为此很受打击。找其他领导和同事说想调岗，不是被好言相劝、无济于事，就是碰软钉子。某一天，她灵感突现，特意在朋友圈晒出了自己去"上海宛平南路600号"打卡挂号的照片，配了几句出格的心理描写。此番大胆的作为在公司引发了不小的风波。虽然之后她调离了原岗位，在新岗位上获得晋升，但这个"名场面"始终有同事和领导记得，时不时翻出来，私底下教育新进员工。

职场课

事实上，在职场上，合理诉求被有意或者无意忽视时，是需要技巧进行表达的，尤其是受了委屈的时候。不仅如此，为了少受不该受的委屈，还要从平日中的点滴做起，改变自己作为职场新人易被当作出气包的"体质"。

适时表达，拒当职场"隐形人"

不少职场新人的委屈在于拼命工作却没有得到应有的重视。对比之下，有些同事看似没做什么，但"论功行赏"不会缺席。"没有对比就没有伤害"，长此以往，职场新人容易陷入负面情绪。

网友豆豆就有类似的职场经历：刚进公司时，他本能地畏惧领导，不敢去汇报工作，看到领导能躲就躲。结果试用期过后，和他"同期"进公司的新人中，有人升了职级加了薪资，有人被调任到核心业务部门，只有他还在原地踏步。

彼时，他灰心丧气，怀疑是自己没其他新人能力强。但找机会深入了解后，豆豆发现无论是工作的量还是质，自己丝毫不比他们逊色。问题在哪里？经过一段时间的观察，他发现几位有所发展的新人时不时会主动走进领导办公室汇报工作。

于是，豆豆也开始尝试按照一定的工作节奏和频次向领导主动汇报，表达自己的想法，既"叫苦"又"表态"，展现自己的工作能力和价值。不久之后，他明显感到领导对自己重视起来。有几次，领导还在开会时以考验新人的名义询问豆豆的想法。

而豆豆吸取了之前的教训，每次开会前都认真准备，在公开发言时，既保持了新人应有的谦虚好学，也有条理地表述了自己的观点，偶尔还带几句年轻人的俏皮的网络用语，领导听了多次展露笑容。很快，更多资源和机会送到了豆豆面前，他就此开启了"螺旋式"升职加薪的模式。

不仅如此，后来豆豆还发现，之前做"隐形人"的时候，有"倚老卖老"的员工把自己的功劳和苦劳冒领了。现在想来，他还一阵后怕，庆幸自己及时开了窍，否则还要忍受更多委屈。

向上管理，稳步提升话语权

职场上受委屈的形式多种多样，撇开带着难以名状情绪的私人恩怨，原因大多集中在职场人的能力，或是努力和付出没有得到合理的回报。从豆豆的"逆袭"中，我们不难看出破解之道。

按照矛盾论，豆豆的成功之处在于他抓住"主要矛盾"，就工作论工作，敢想敢做，用年轻人的干劲和活力，以及一点小个性去打动领导。

至于有人浑水摸鱼，对别人的成绩"顺手牵羊"、占为己有，那是"次要矛盾"。豆豆无意识地放过了令人气愤的"次要矛盾"，将精力放在解决"主要矛盾"——获得领导的重视和认可。

在《卓有成效的管理者》中德鲁克（Drucker）阐述了一个观点：一个员工需要做好领导的向上管理工作，充分发挥领导的优势和资源，这是一个员工工作卓有成效的关键所在。

在努力让领导"看到"自己的过程中，豆豆所做的向上管理工作相当细致。在平时的工作中，他十分注意留存重要的工作数据和图片。向领导沟通汇报前，他在脑海中勾勒了相对完整的汇报框架，向上汇报时基本能做到简洁、高效，能抓住领导想要了解的重点。在领导询问细节时，他会用数据、对比进一步说明，并适时从自己的专业和所见提供方案建议，成功地反向管理领导的期望，给领导"画饼"。

一来二去，豆豆和领导建立了基本的信任，领导看到豆豆对工作的用心，豆豆对领导的思维习惯、语言习惯有了了解，双方渐入佳境。

用向上管理的方式解决"主要矛盾"，豆豆在工作岗位上的闪光点因为获得领导的欣赏，有更多资源和机会加持，扩大成了"光圈"，产生了"晕轮效应"。豆豆在公司中逐步建立了话语权，不仅领导愿意聆听他的表达，那些曾经怠慢他、冒领他功劳的同事不敢再让他受委屈。"次要矛盾"就此迎刃而解。

现在想来，豆豆当时之所以害怕领导，一部分原因是他没有找到合适的表达沟通策略。那也是对的，没有干货，没有积累，千言万语不如一默。

下班后工作微信还在 @ 你，
要怎么回复？

　　微信作为国内当下最流行的社交软件，为人们带来了诸多便利。但越来越多的用人单位、经营管理者也把微信当作工作平台，建立各种工作群、随时发布各种工作消息。

　　《数字劳工》一书中曾写道，"以互联网为代表的信息与通信技术改变了劳动力市场的位置与形式，将劳动的场所从工厂转移到网络、转移到个人的电脑与手机"。随着微信的普及，工作和生活的边界日益模糊。

　　某艺人参加综艺节目时透露，自己会在凌晨三四点钟给员工发微信，如果员工不回信息，就会在早上 7 点追问员工为何不回信息。此事在网络上引起轩然大波，网友普遍对其行为进行谴责。该艺人不得不在其微博就此事发文道歉。

　　从针对此事的微博留言不难看出，职场人对于下班后回复工作微信有较大的抵触情绪。根据上海市总工会微信公众号"申工社"围绕该主题发起的线上调查，参与投票的 7959 位网友中，有 71% 表示微信已被作为常规办公软件使用，有 54% 反对将微信作为主要办公软件。

　　近年来，因微信使用而引发的劳动维权问题不在少数。公司强制要求改头像发朋友圈、孕妇深夜 10 分钟内没回微信"紧急任务"被开除、领导规定要辞职必须先删同事微信、朋友圈屏蔽

职场课

同事者罚款 100 元……而其中，最有热度、具有普遍争议性的话题莫过于"下班后，工作微信到底该不该回？"

分轻重缓急，"一刀切"不现实

从理论上来说，如果劳动合同所约定的工作时间是 8 小时以内，下班后的时间就属于员工私人时间，用人单位无权要求员工在下班后还处于工作状态，有事必回。对于下班时间公司通过微信发布的工作指令，员工有权拒绝。

然而，绝对的"一刀切"并不现实。

一次，笔者和某位年轻的兼职摄影师外出采访，当天下午 5 点半完稿。笔者正在下班回家的路上，其他同事忽然告知，这名摄影师和领导的沟通出现问题，有可能影响到版面发稿情况。于是，笔者折回报社与领导沟通，其间多次试图通过微信文字、语音以及电话询问摄影师具体情况。然而，摄影师一直"失联"，除了数小时之后在微信上轻飘飘来了一句："我已经下班了。"虽然笔者之后尽力补救，没有出现纰漏，但对于这样的伙伴，是否有与之继续合作的必要，答案不言而喻。

拒绝加班是权力，"江湖救急"是道义。团队讲求的是协作，如果因为自己的原因给团队其他成员造成工作上的麻烦或者困扰，是不是应该适时作出回应？职场上待人接物"冷面无情"，待你需要救急帮助的时候，同样也会被冷漠对待。

对于下班是否要回复工作微信，一位心理咨询师给出的解决建议很有参考性。由于人们很容易夸大偶然事件给自己带来秩序被打乱的感受，他建议，要将工作信息分级、理性确认具体的频率。如果统计一下频率，人们有可能会发现，下班收到要回复的工作微信并不是"总"，而是偶尔。下班偶然收到工作微信，多半是有急事需要处理，尽可能配合体现的是个人基本的职业操守。

另外，要评估所布置工作的性质，分清轻重缓急。有的工作虽然重要度很高，但紧急度不高，有可能是领导、同事突然想起件事，怕自己忘了，赶紧 @ 你，没让你大半夜马上救火。此时，你只要回复："收到，按要求完成。""收到，明天我会跟进。"就可以踏实休息，明天工作时间利索地完成即可。

把握住"尺度"，守护好权益

其实，微信只是手机 App，问题在于使用它的人。真正十万火急的工作指令，一般也不会采用微信发布。据新闻报道，两名铁路职工在上线施工期间，不幸遭高铁列车撞轧身亡。之所以酿成如此悲剧，是因为车间内的一名干部用微信群发送推迟上线作业时间命令后，没有确认作业班组回复命令，导致命令漏传。

半夜向下属员工发工作微信，第二天一早复催的，不只是前文提到的某艺人。生活不规律，或是特别容易焦虑，抑或是对下属缺乏信任感的上司都有可能在下班后还在 @ 部门员工交办工作任务。即便是在体制内的职场人，下班有工作短信需要回复的情况也时有发生。如果频率、发送时间等都在可接受的"尺度"之内，并且也有必要的理由，职场人一般不会"玩消失"。

职场课

但是，超过合理的限度，侵犯职场人合法权益，那职场人就要仔细斟酌，守护好自身权益。

不少用人单位实行加班审批制度，只有经过公司审批的延时工作才属于加班。未经公司审批，员工自行下班后留下来工作一般不属于加班。但是，有些情况虽然未经审批也应当视作加班。比如，公司在员工下班后在微信上布置工作，且明确要求员工在明天上班之前完成，显然是要求员工利用下班时间来完成工作，这种情况属于加班。如果要主张加班费，应当就加班事实保存证据，承担举证责任。

而下班后用微信工作发病，是真实发生的事件。石某生前是广州市某贸易公司员工，下班后，石某回到家通过微信处理工作事宜，当晚突发疾病倒地，120 到场后宣告死亡。当地社保局和一审法院均以"不属于工作时间和工作岗位"为由，不予认定或视同工伤。广州铁路运输中级法院二审认为，结合石某的微信聊天记录和石某同事的陈述，石某回家后继续线上处理工作是常态。事发当晚，石某最后推送工作微信的时间与其倒地时间存在时间差，但考虑到突发疾病的发病到死亡有一个持续的过程，且 19 时 22 分后石某再未使用微信发出任何信息，故可以认定石某符合在工作时间和工作岗位突发疾病死亡的情形，认定构成工伤。

随着互联网技术的发展，人们的工作模式和工作状态正在发生新变化。但无论如何变化，在职场上，敬业爱岗、充分休息两者都不可或缺。

法律小贴士

理论上，8小时工作制劳动者有权拒绝回复微信工作消息

休息权是宪法赋予劳动者的法定权利。除《劳动法》第四十二条、《劳动部贯彻〈国务院关于职工工作时间的规定〉的实施办法》第七条规定的情形外，劳动者有权拒绝用人单位的加班安排。若用人单位以劳动者拒绝加班为由解除劳动合同的，应属于违法解除。

主张加班费

《最高人民法院关于审理劳动争议案件适用法律若干问题的解释（一）》第四十二条规定，劳动者主张加班费的，应当就加班事实的存在承担举证责任。

兼职还看"性价比"，
斜杠青年别做"负"业

职场人靠发展副业增加收入早不是新鲜事了。智联招聘《2019职场人年中盘点报告》数据显示：8.2%的职场人拥有斜杠收入。实际比例不止于此。清研智库联合南京大学紫金传媒研究院、度小满金融发布的《2019年两栖青年金融需求调查研究》显示，全国在职青年群体中17.34%的人拥有一份或多份副业。猎聘《中国人力资本生态十年变迁白皮书（2011—2021）》调研数据显示，2021年，51.85%职场人表示拥有副业，而十年前这个数字仅为18.8%。"斜杠青年"已成明显趋势。近半数职场人有或者有过斜杠收入。

做拥有多重职业和身份的"斜杠青年"，不仅可以增加收入，发展更多个人爱好、专长，让生活更加充实，在某种程度上还能对冲职场的未知风险。尤其是疫情发生以来，越来越多年轻人开展副业。一些企业，比如设计公司、广告公司，甚至提倡员工做斜杠青年，鼓励他们探索不同领域的生活、搜集素材，为创意工作增加灵感。

但是，做斜杆青年对职场发展有利也有弊，甚至可能有隐藏的法律风险。对斜杠生活不仅要好好规划，还要避免踩到法律的"红线"。

看清斜杆的机会成本

"没事，副业就是兼着做一做，应该不怎么影响工作"，为了挣一份"零花钱"，在某国企从事文案工作的欢欢接下了朋友公司微博、微信号的部分文字撰写工作。但很快，欢欢发现副业的"副作用"比她想象的要大。

每次完稿，甲方就会对文字提出各种要求，自诩文字驾驭能力不俗的欢欢不得不一遍一遍修改。有时，甲方还会在欢欢开会时"奇袭"，要求即刻创作一条带金句的软文段子，公司微博急用、坐等。

由于大量的时间花在了兼职上，导致主业工作的文案质量急剧下降，欢欢的领导对她的工作不满意，多次提出批评，甚至暗示要另招新人取而代之。经历了三个多月的斜杆生活，欢欢思虑再三，请辞了这份兼职。

欢欢的问题在于低估了兼职的成本。经济学有一个名词叫作机会成本。所谓机会成本，简而言之，是我们在选择某一个机会时，需要放弃其他机会所能带给我们的最高价值。在职场中，时间是最重要的机会成本。欢欢认为自己有余力去做兼职，这些原本应该用来打磨主业文字的时间，被用来消耗在折腾副业上。原本她可以把主业做好，获得上级的好评、欣赏，站稳脚跟甚至获得晋升机会，但现在，她却为了一份"零花钱"把这些重要的事情抛诸脑后。这份"零花钱"背后的机会成本未免太高了。

年轻人凭能力、才华赚取斜杠收入，社会基本是认可和鼓励的。但是，无法管理好时间，一不小心让副业变成影响主业的"负"业，那就得不偿失了。

中国劳动法学研究会副会长王全兴的看法是，《劳动法》并未禁止兼职，底线在于任何副业或者兼职不得损害本职工作所在雇主的利益。《劳动法》第九十九条和《劳动合同法》第三十九条有相应的规定。尤其要注意的是，如果企业的规章制度中规定了禁止兼职，劳动者需要遵守相关规定；劳动者涉及竞业限制和保密义务时，所承担的兼职不可与责任、义务相冲突。

让主业副业良性联动

职场人的"斜杠"种类五花八门，从代购到网约车司机，从微商到培训、翻译等，可谓万物皆可"斜杠"。那么，什么样的副业才是最有"性价比"的？

从业已逾十年的人力资源工作者王陈实建议，从职业规划的角度来说，较为推荐"斜杠青年"将一种核心能力在多个领域内变现。"一个人可以同时有几个'斜杠身份'，但背后是同一个核心竞争力，身份之间可以对接、协作。这也是和一般副业、兼职的差别。"

换言之，主业、副业能够进行良性联动，双方彼此促进，这样的斜杠生活才算得上具有一定的"性价比"。这种良性联动的模式并不复杂。

笔者认识一位从事公共咨询工作的大腕，热爱园艺。他和办公楼的物业人员聊天时发现对方有意利用楼顶空地却暂时没有方向，便主动请缨，和物业合作开发出了一片楼顶农场。

做公关咨询，人脉圈子十分重要，怎么看都和种菜八竿子打不着。但笔者的这位朋友利用农场副业与主业巧妙联动。他的客户中有不少人来自房地产行业和奢侈品行业，这群人恰恰是最希望亲近自然的。于是他抓住这个机会，圆自己的田园梦的同时，在楼顶农场办晚宴、品酒，和客户分享绿色怡然带来的快乐，也在轻松自然的气氛中拓展了新的人脉。客户带来的朋友成为他的新客户，楼顶农场的晚宴促成了不少新的业务。

楼顶农场的开垦不易，运营也要花费一部分精力，但是其所带来的与主业良性联动的收获也显而易见。

有科研工作者用心健身，考取了教练执照，下班做教练，适度接课，挣了斜杠收入，顺便定期把身给健了；有金牌销售用心品酒，考取品酒师证书，定期在酒吧担纲调酒师，和朋友一起做酒类微信公众号，积累了和客户把酒言欢的谈资；有广告设计师出于兴趣在业余时间设计二十四节气海报、中国传统书法海报，竟然成了设计网红，以知名度和流量反哺广告设计主业；还有汽车工程师去客串说了一季脱口秀，一下子把主业公司的汽车销量提高了一大截。

做斜杠青年，有人用时间换金钱，有人纯粹出于热爱，有人发挥专业所长，重要的是拿捏住工作重心，不踩法律底线，保持平衡。不要忘记，别把心思都放在挣快钱上，把目光放长远，任何职业、岗位都需要时间的打磨，专心致志才能有所成，主业是，兼职也是。

职场课

任何副业或者兼职不得损害本职工作所在雇主的利益

《劳动法》第九十九条规定，用人单位招用尚未解除劳动合同的劳动者，对原用人单位造成经济损失的，该用人单位应当依法承担连带赔偿责任。

《劳动合同法》第三十九条规定，劳动者有下列情形之一的，用人单位可以解除劳动合同：……（四）劳动者同时与其他用人单位建立劳动关系，对完成本单位的工作任务造成严重影响，或者经用人单位提出，拒不改正的；……

不做职场"小白"，
培养职场"边界"意识

"边界感"是一个传统又新潮的词汇，它既存在于人们日常的一举一动、一言一行之中，又遁于无形，变幻莫测。每个人对"边界感"的定义、认知和感触虽有不同，但万变不离其宗的是：将自我与他人，主体与客体分离开。

尤其在职场，每一个人都是独立的个体，用疏离、冷漠、自闭态度对待周围的同事和上司固然不可取，但是如果没有边界意识，可能会惹来不必要的麻烦，把自己搞得身心俱疲，陷入尴尬境地。

职场无小事，没有"边界"意识，使得很多职场新人"犯错误""栽跟头"。比如，无限容忍，面对能力不及或者"过分热心"的同事不懂拒绝，和人沟通时无原则地言无不尽、交浅言深；再比如，在待人接物时公私不分，抑或是越过自身职责和能力范畴的大包大揽。

尤其是不懂设限、没有分寸感的职场"小白"，天真地以为能在职场中找到天长地久的知心朋友。职场中真的有这种朋友吗？有！但是非常少！而且即使有，也无法保持长久的友谊，因为任何小小的改变，就可能让友谊的小船说翻就翻。

对职场中的同事，无论是上级、下级还是同级，毫无边界的沟通方式肯定是弊大于利的。所谓"距离产生美"、不要给人

职场课

"压迫感"、要保持"舒适的距离",说的都是要保持合理的"边界感"。

职场新人毕业入职,处于适应职场环境的关键阶段。此时,也正是培养职场"边界意识"的关键时期,新人们切勿轻视此事,需得花点心思。

用智慧和沟通,化解"边界"危机

和不少新人一样,初入职场时,郭静秉持着"忍一时风平浪静,退一步海阔天空",她的想法很简单,自己不惹事,就不会有什么麻烦找上自己。但没想到,她却因此吃了亏。

郭静所在的项目组要在当月完成设计项目,她刚入职,就遇到了几位资深设计师接连跳槽,活没人干,而且专业度之高不是新人能马上接手的。但项目组人手青黄不接,只能让新人来顶。郭静本来没想接茬,但无奈经不住组长软磨硬泡,硬着头皮接过来。结果,连续通宵,郭静不但没有完成任务,还熬坏了身体。项目有所拖延,项目组长情绪失控,对她的责骂几乎突破了职场的底线。但作为新人的郭静含泪忍住,有委屈不敢说。

"现在想起来,我当时有两件事情没做对,一是由于想表现自己和迫于组长的压力,接下了自己力所不能的紧急任务,折腾得身心疲惫,任务处理不好,还平添了不少挫折感;二是怕被人指责脾气不好,对不合理的诉求、责骂无限容忍。"初入职场便遭遇"滑铁卢",让郭静用了很长时间才平复心情。而且在这家公司,她也因此被贴上"好欺负""出气筒""背锅侠"的标签。

受到这场边界"危机"事件的影响,郭静在一年之后跳槽

136

了。她总结了在上一家公司的教训，认清了自己当前的能力，制定自己的"拒绝标准"。"紧急任务时常会有，但意识到自己达不到项目的专业要求，就不能硬着头皮接手。但这也不是冷漠地拒绝，而是耐心地说明原因，并且为上级出谋划策，提出可行的替代方案来分忧，尽可能取得理解"，郭静解释道。

不仅如此，原本性格内向的郭静也意识到和上级、同事积极保持对话沟通的重要性。"你让别人知道，你能做什么，擅长做什么，能力到底有多少，其他人是怎么想的，因为时间紧、人手少可能引发的冲突摩擦自然会减少。"郭静坦言，身在职场，很多情况下身不由己，但用善意的智慧、平和的沟通，以及为自己设定一些界限，还是能发挥一定的能动性，帮助自己更顺利地完成工作。

真诚待人没错，更要三思而后行

所谓职场"小白"，另一个明显的特质就是轻信、多言，交浅言深甚至言无不尽。贾晓明在公司见习时犯过这样的"错误"。和他一同进公司的另一位新人对他特别热情，买咖啡也常捎带上他的一份。吃人嘴短，没几天，贾晓明就和对方打得火热。因为比后者早来几个月，对方便开始有意识地向他"讨教"对单位领导、同事有什么看法。一贯直肠子的贾晓明把对方当"兄弟"，掏心掏肺、一五一十对各位领导、同事认真进行一番点评。

对方当面夸贾晓明观察仔细、快人快语、够哥们，并再三保证不会把贾晓明的话外传。贾晓明自然也没把这件事情放在心上。然而，过了一段时间，贾晓明才发现，很多同事在他背后指指点点，有人还在他背后偷笑。最后，通过别的同事委婉转述他

职场课

才弄明白，原来整个公司都知道他在背后点评领导、说别人的"坏话"。据说，那位和他称兄道弟的新人同事还在拿腔拿调地模仿贾晓明点评时的样子，嘲笑他是个傻子。为此，贾晓明在很长时间里得不到领导和同事的信任，直到他埋头苦干，做出了成绩，情况才有了转变。

如今，贾晓明除了勤奋工作之外，也变得谨言慎行。"真诚待人的同时，也要三思后行，更忌在背后点评同事和领导。不要在成长路上给自己添堵。"贾晓明的话对职场"小白"有着警醒作用。

职场固然需要热情、真诚、努力和付出，但是一切都应有度、有分寸。职场就像一个舞台，新人们急于在舞台上呈现出最好的自我，这本无可厚非。但这种呈现，从来应该有选择、有节制。

在其位，谋其政，什么岗位该做什么、如何与上级汇报沟通、如何与同事共处共事，都需要职场新人自己慢慢去摸索、去体会，掌握这种学问的重要性并不亚于掌握专业技能。每个人的实际情况都不一样，只要找到最适合自己，让自己感到舒服，而且有助于提高工作顺畅度和能效的方式就可以。

关键是树立边界意识。既不要轻易去侵犯别人的"私属领地"，在别人越过你的"边界"，提出不合理的诉求时，也应该有礼有节处之。

在职场中，保持适度的边界感，不仅能使人与人的相处共事舒服愉快，那些善于把握尺度的职场人也会因为有原则、有智慧而赢得别人的尊敬。职场"小白"和成熟的职场人之间，或许就差一个"边界意识"。

办公室的甜蜜苦恼：

恋爱有"风险"，"撒糖"需谨慎

"工作那么忙，我却好想谈恋爱。"每次看着同事、同学花式秀恩爱，单身的职场人内心不免要"柠檬"一番。"中国单身人口超2亿"的话题曾引发网络热议。智联招聘联合珍爱网发布的《2018年职场人婚恋观调研报告》显示，参与调研的职场人68.33%处于单身状态。其中，单身时长在三年以上的人群最多，占比为52.62%。而民政部曾公布数据，2018年我国单身成年人口达2.4亿人，超过7700万人独居。

当你从学校毕业后，生活圈子变窄了，家、路上、工作单位可能就是你全部的生活轨迹，而这些场所中最有可能产生情愫的地方，就是工作单位。2021年5月2日，职场社交平台脉脉发布的《520职场心动报告》数据显示，近六成职场人明确表示曾为同事怦然心动；另有15%的职场人隐约体会过那种心情。

"金风玉露一相逢，便胜却人间无数"，不是在上班就是在上班的路上，"日久生情"在所难免。虽然某次网调中，有超半数职场人表示能接受办公室恋情，然而，"实锤"的办公室恋情，不论公开或者隐瞒，恋爱双方都可能面对一定压力和风险，最常见的是一方不得不作出"牺牲"，协议换岗。笔者之前工作的单位，有一个部门不仅有两对夫妻，还有一对离异夫妻，如何排班让管理者花了一番心思。

职场课

怦然心动的感觉的确很美，无法阻挡，但办公室恋情发生的当口，是不是也应该适度地理性思考一下，之后该怎么办。

隐瞒公开皆有压力风险

恋情本是私事，一旦发生在工作环境里，它的影响可大可小，视具体情况而定。

支持办公室恋情的人给出的理由很充分。快节奏生活中，双方工作都忙，倘若在同一地方工作，一起上下班，再忙碌也能看到彼此，了解彼此的情况。双方相互理解、相互扶持，沟通要比一般的恋人更顺畅、更有默契，连公司福利都能双份共享。"只羡鸳鸯不羡仙"，描述的不外乎如是。

虽然大多数用人单位不会在《员工手册》里明文规定禁止办公室恋情，但考虑到职场公平性、岗位信息保密等原则，HR 一般建议两人协调换岗位。让一方作出"牺牲"，此刻就考验双方的情感了。

齐先生和李女士同在互联网大厂工作，是多年的"老战友"，作息相近、知根知底、兴趣相投，从同事朋友变成恋人伴侣水到渠成。然而，确立关系后，公司领导找他们谈话。两人一个是中层管理，一个是储备干部，考虑到绩效考核的公平和群众影响，有一人必须调离原岗位。彼时，齐先生和李女士已经领证，商量之后，李女士从核心业务部门调到了行政岗，放弃了颇有建树的专业，从头开始学习行政管理事务。

齐先生之后再度晋升，获得出国培训的机会，李女士心里虽然有几分骄傲，但也生出了几分惆怅，要是当年没有选择和同事恋爱结婚，现在晋升和出国的会不会是自己。

有人提出，可以隐瞒恋情，在同事与恋人间"无缝切换"。这有点天真了。即便双方"演技"时刻在线，"办公室恋情"也很难藏得住。从社会网络学来说，人力资源部门（也包括行政部门等）是整个企业组织架构的连接点，获取部门的各类信息很便利。只要是一名称职的 HR，通常很快就能掌握情况，还会给两人的诚信"减分"。

职业精神分清轻重缓急

虽然"办公室恋情"可以节省恋爱成本，甜蜜关系中还有相互扶持之谊，但同事兼恋人的关系，对双方的职业素养提出了更高的要求。

如果双方心智较为成熟，在职场上分得清工作和感情孰轻孰重，彼此在工作中能坚守必要的边界感，不向另一方泄露自己岗位才能知晓的信息，这样的办公室恋情或可一试。但这种边界感很难界定，也很难被外界监督，周围同事可能抱持异议。

而对用人单位来说，他们的担忧是，双方感情甜蜜稳定固然促进工作，但若双方情感出现波动，能否依然在上班时间保持正常的工作能力与成效？笔者就曾亲眼见过一对办公室夫妇，妻子得知丈夫出轨客户，情绪崩溃，不仅严重影响工作进度，也让其他同事手足无措。虽然夫妻双方都是曾立下汗马功劳的老将，公司最终还是出手处理，劝退了其中一方。

再者，伴侣双方在同一家单位工作存在风险。常言道"一荣俱荣，一损俱损"，如果企业发展出现问题，或者其中一方在工作中出现问题，那么波及的将是两个人。

此外，"办公室恋情"公开后，无论双方是分手还是结婚，女性往往更容易因此被调动岗位或离职。在这方面，建议职场女性作更充分和周密的考虑。

当然，恋情该来的总会来，如果是值得的良缘，应该珍惜。不少职场人对为办公室恋情作出牺牲和让步也能看得开："如果双方都在核心部门，工作量很大，常常加班或者出差，家里有事也照顾不过来。如果其中一人换岗，虽然工作时不常相见，但能时不时一起上下班，中午吃个饭，也是同事恋人之间独有的'小确幸'。"

法律小贴士

员工选择隐婚或者隐恋，是否涉嫌向单位隐瞒关键信息？

《劳动合同法》第八条规定，用人单位招用劳动者时，应当如实告知劳动者工作内容、工作条件、工作地点、职业危害、安全生产状况、劳动报酬，以及劳动者要求了解的其他情况；用人单位有权了解劳动者与劳动合同直接相关的基本情况，劳动者应当如实说明。

该条款规定了劳动者有向用人单位如实说明基本情况的义务，但是该义务仅限于说明与劳动合同直接相关的基本情况。劳动者的恋爱状态以及婚姻状况一般情况下与劳动者履行劳动合同并无直接关系，用人单位无权进行了解。当用人单位询问或要求劳动者在信息登记表上填写婚姻状况时，劳动者有权拒绝，并不涉嫌向用人单位隐瞒关键信息。但如果劳动者并未拒绝回答而是作了虚假陈述，则有可能被认定为违反诚信原则而遭到违纪处理。

因隐婚或隐恋而被要求离职，合法吗？

我国劳动合同解除遵循法定条件解除原则，用人单位解除劳动合同必须符合法定条件。劳动者隐婚或隐恋不属于法定解除劳动合同的条件。即使有的用人单位在规章制度中将员工隐婚或隐恋定义为严重违纪，此条款也将因不存在合理性而归于无效。

特殊行业的相关规定

《公务员回避规定》第五条规定，公务员凡有下列亲属关系的，不得在同一机关双方直接隶属于同一领导人员的职位或者有直接上下级领导关系的职位工作，也不得在其中一方担任领导职务的机关从事组织、人事、纪检、监察、审计和财务工作：（一）夫妻关系；（二）直系血亲关系，包括祖父母、外祖父母、父母、子女、孙子女、外孙子女；（三）三代以内旁系血亲关系，包括伯叔姑舅姨、兄弟姐妹、堂兄弟姐妹、表兄弟姐妹、侄子女、甥子女；（四）近姻亲关系，包括配偶的父母、配偶的兄弟姐妹及其配偶、子女的配偶及子女配偶的父母、三代以内旁系血亲的配偶。本规定所列亲属关系，包括法律规定的拟制血亲关系。本规定所称直接隶属，是指具有直接上下级领导关系；同一领导人员，包括同一级领导班子成员；直接上下级领导关系，包括上一级正副职与下一级正副职之间的领导关系。

《事业单位人事管理回避规定》第六条规定，事业单位工作人员凡有下列亲属关系的，不得在同一事业单位聘用至具有直接上下级领导关系的管理岗位，不得在其中一方担任领导人员的事业单位聘用至从事组织（人事）、纪检监察、审计、财务工作的岗位，也不得聘用至双方直接隶属于同一领导人员的从事组织（人事）、纪检监察、审计、财务工作的内设机构正职岗位：（一）夫妻关系；（二）直系血亲关系，包括祖父母、外祖父母、父母、子女、孙子女、外孙子女；（三）三代以内旁系血亲关系，包括叔伯姑舅姨、兄弟姐妹、堂兄弟姐妹、表兄弟姐妹、侄子女、甥子女；（四）近姻亲关系，包括配偶的父母、配偶的兄弟姐妹及其配偶、子女的配偶及子女配偶的父母、三代以内旁系血亲的配偶；（五）其他亲属关系，包括养父母子女、形成抚养关系的继父母子女及由此形成的直系血亲、三代以内旁系血亲和近姻亲关系。前款所称同一事业单位，是指依法登记的同一事业单位法人。

第七条规定，本规定所称直接上下级领导关系包括：（一）领导班子正职与副职；（二）同一内设机构正职与副职；（三）上级正职、副职与下级正职；（四）单位无内设机构的，其正职、副职与其他管理人员以及从事审计、财务工作的专业技术人员；（五）内设机构无下一级单位的，其正职、副职与其他管理人员以及从事审计、财务工作的专业技术人员。

别奢望"最后一分钟营救"，
管理时间你也能行

有个网络段子称，deadline 是"第一生产力"，这句话套用在很多职场人身上都不显违和。deadline，意为"最终期限"，在网络上俗称"死线"。创意文案磨叽到截稿前一秒才有一路狂奔的力量，制作 PPT 要到开会前 2 个小时才火力全开，若相约 11 点开会就一定是 10:59 到场，下班前 10 分钟才是一天工作效率最高的时刻……

当年，格里菲斯（Griffith）在电影《党同伐异》里创造了"最后一分钟营救"的叙事模式，成为影视剧沿用至今的经典。如今，放眼职场，"最后一分钟营救"的传说也是人气颇高——迟到和拖延。

但是，职场不是影视剧，没那么多"抓马"的反转。考勤迟到、任务拖延，各种越过"deadline"的场景中，"最后一分钟营救"只是传说和奢望。

要破除"第一生产力"迷局，很多人第一时间想到的是时间管理。但是，为什么那些所谓的时间管理达人、大师提供的方法听起来头头是道，真正用起来就觉得是花里胡哨的"虚无"？那是因为你还没找到适合自己的管理之道。

职场课

迟到、拖延事小，"杀伤力"却大

迟到、拖延看似"事小"，其实在职场上的杀伤力不容小觑，远不只被扣罚绩效薪资这么简单。

"我们做业务的最忌讳就是迟到、任务拖延"，销售代表郦嘉就曾因为迟到几分钟吃过大亏，在和客户谈判的时候，因为路不熟，绕道偏遇堵车，比约定开会时间晚到仅几分钟，就让她丧失了谈判的主动权。"一边是老板的铁青脸色，一边是客户不信任的眼神，都不知道那几十分钟是怎么过的，简直如坐针毡。"

如果不是同伴在谈判中力挽狂澜，艰难拿下百万大单，郦嘉觉得自己根本不可能在这一行再立足。"很多行业的圈子都不大，同行彼此之间都有联系，如果你因为迟到、拖延让公司遭受损失，你的信誉也会大大受损，在同一行业里找到理想的工作很难了。"

不少毕业生踏上社会后就发现，职场对迟到、拖延的容错率和学校不在同一等级。"大学上课迟到一两次，说一些'情有可原'的理由，论文拖两三天，老师通常不会太为难学生。但是职场不同，关乎个人绩效、企业利益，以及升迁、前程，迟到、拖延很可能成为一块不起眼，但足够有杀伤力的绊脚石。"

笔者曾亲历过，两位业务骨干竞争部门主任岗位，业绩相差无几，但是其中一位因为在一次节日后迟到，就与升职失之交臂。尤其是和竞争对手差距微小时，出现一次迟到、拖延这类"低级失误"，就会让职场人处于不利地位。

"知己知彼"和"有舍有得"

不过，不迟到、不拖延，仅仅是时间管理的"初阶"，每上一层楼，职场人需要掌握更加先进的时间管理方法。

笔者试过不少网推的时间管理方式。比如，把工作分为既紧急又重要、重要但不紧急、紧急但不重要、既不紧急也不重要的"四象限法则"。别说很多事情难以分类，分类以后又怎么样呢？哪个先做哪个后做心中有数就行，用四个象限不麻烦吗？

还有人建议先做难度最高的事情，做完之后再完成简单的任务。这个方法因人而异。笔者就喜欢把最简单的事情先处理好，再集中精力做难度最高的任务。否则，当高难度任务没能按时完成，还要从火力全开的状态分出一些时间处理简单任务，有可能两者都做不好，这种感觉你不会想再试第二遍。

有人建议细化时间颗粒度，每天把时间按十几分钟一个板块切割，每个板块塞满各种事情，每一天、每一分、每一秒，几乎都被塞得满满当当。的确有人可以做到，但多数人很难坚持，即便勉力坚持，也会产生神经紧张、抑郁等症状。

职场人反复提及的是几年前网传曝光的王健林时间表，姑且不论真假，这张表就是"细化时间颗粒"的典型，每一项活动都是以 15 分钟为单位。用所谓专家的话来说，24 小时细化之后就有 1440 分钟。想学？不好意思，你有相应的物资和人力的配置吗？你在为买到"随心飞"乐开花的时候，人家想的却是："有飞机不随心吗？"秘书、助理随时帮助打理，还有一个个小目标等着完成，时间管理和利用效率自然不和普通职场人同频。

职场课

作为职场的大热门，时间管理从具体方式到具体的工具都有，武装到牙齿都没问题，你尽管挑选和尝试，总有一款适合你。在此，笔者只介绍一个基本理念，时间管理其实是个信息管理工程，首要的条件就是"知己知彼"。

你知道自己的拖延症结是完美主义还是缺乏斗志，抑或是自寻刺激和挑战，到具体事务，以你的能力一般完成需要多少时间，对自己和对事情有认知有预估，简而言之，自己知道自己"能吃几碗饭"。

按照 TED 演讲者、美国时间管理专家劳拉·范德卡姆（Laura Vanderkam）的说法，时间管理其实就是一种基于"自身生活和工作的体系"作出的选择，就像收纳师总是提倡"断舍离"一样，让迟到、拖延远离自己，也是其中的一种选择。只不过，这种选择需要智慧、耐心和毅力。

她曾跟踪一批在别人看来极度忙碌的女性，观察她们如何管理时间，维护"不迟到""不拖延"人设的方式。其中一位职场精英常年保持时间管理手账记录的习惯，处理工作事项和生活琐事需要的时间，以及为何在时间把控上超出预估，都清楚记录在了她的手账之上。当她需要安排与人见面、会谈的时间时，她可以随时翻看这些记录，从而更准确地对自己的时间作出预判，避免出现迟到，或者进行下一项任务时迟到的尴尬。

而另一位经营着有 12 名雇员的创业公司，同时照顾着两个子女的职场女强人，则数度推辞了劳拉的拜访。她的解释是："我做的每件事，花的每一分钟，都是我的选择。"她的话更加直白地道出了"时间管理"和避免迟到的"真谛"：你要知道，当下哪一件事情对你来说是最重要的。

也许，你和这些强人之间只差了一个时间管理"断舍离"的距离，把握了时间管理的"游戏规则"，你也能如鱼得水。

用人单位能按规章制度扣罚迟到员工薪资吗?

劳动者违反劳动纪律或规章制度，企业降低其工资的，降低后的工资不得低于本市规定的最低工资标准，这是《工资支付暂行规定》的硬性规定；但是不能反过来说，只要当月工资不低于最低工资标准，即可随意降低违纪员工的工资。对于违纪员工进行经济处罚，要结合具体情况进行考量。

根据《劳动合同法》，相关规章制度还应当经职工代表大会或者全体职工讨论，提出方案和意见，然后与工会或者职工代表平等协商确定；用人单位应当将该规章制度进行公示，或者告知劳动者。如果在职工违纪发生之后，再出台相应的规章制度，则不能作为处罚职工的依据。

方法总比问题多，
遇到难题不妨"跨界思考"

数年前，科学家们曾经被一个难题困住，虽然电子终端的面板越做越薄，但又软又薄的屏幕始终"难产"。没想到，有研发人员从中国传统风味小吃润饼中找到了解决方案。

润饼是用薄的熟面皮，把各种菜肴做成馅料包卷起来吃。制作这种润的饼皮时，要在面粉皮和烤盘之间加入一层油。一位面板研发人员正是在研发过程中突发奇想，联想到润饼皮的制法，在制作面板时像烤润饼皮一样加入了一种易分离的中介材料，从此在屏幕面板研发上实现了创新，屏幕变得又软又薄，像纸一样可以卷曲折叠。

美国《华尔街日报》科技创新金奖评委表示，是创新带来了屏幕面板领域的变革，创新的背后体现了"跨界思考"的重要性。

跨界思考在职场中能起到非常关键的作用。技术更迭、理念更替加速，小到个人的职场工作任务，大到公司的整体运营，都会遇到前所未见的问题，老方法、老经验"哑火"，没有现成的确定答案，这时候就需要用创造性的跨界思考，突破固有思维方式限制，拓展新的工作思路，找到解决问题的新办法。

如何在琐碎平凡的工作中修炼跨界思考能力？有难度，但并非不可能。

从各行各业取经

跨界思考，关键在于"跨"字。但很多人对"跨"的理由存在误区。在一档综艺节目中，一名本科学法律、硕士学金融、博士学新闻的"学霸"真诚地请教嘉宾导师，毕业后应该做什么工作才能让这三个专业所学都发挥作用。导师只给了一句话："你都读博士了，还来问这个问题?"可见，真正的跨界不只是在不同领域中修满学分，而是有意识地将不同领域的学习内容和感悟所得融会贯通，酝酿形成知识交叉点。

当然，这个过程具有很强的不确定性和"偶然性"。就像从润饼中汲取跨界思维灵感的科学家一样，瓦特（Watt）看到水沸腾时的壶盖跳动，发明了蒸汽机；英国医生爱德华·琴纳（Edward Jenner）听闻挤奶女工鲜有染上天花的，对这一现象进行研究，成就了免疫学的基石。听上去都是"碰运气"的故事。我们在职场中遇到难题时，似乎很少有这么好的"运气"。

其实，要培养"跨界思考"能力，对于职场人来说最便捷可行的方法就是跨行取经。

比如，想要像中国机长那样在危机面前临危不乱，拥有超过常人的判断力、反应力和强大的心理素质，可以看看他们平时是如何训练的。

除了常规训练外，每个飞行员在飞行模拟机里反复地训练应对各种危险的处境。飞机误入雷雨云，遇到雷击，降落时跑道湿滑，甚至是一些极小概率事件，不断地对可能存在的危险进行

职场课

"彩排"，并且不断地记录、复盘，总结经验、制定改进方案。心理素质和应变能力就是这样磨练出来的。这种训练方式，职场人完全可以"抄作业"。

再比如，想提升语言交际能力，减少尬聊的概率，在拒绝别人时仍保持体面、尽量不惹毛对方，可以试着从即兴喜剧演员训练方式找借鉴。

在即兴喜剧的舞台上，演员是无法事先沟通的，必须现场就往下推进故事，不管发生什么场景都必须完成。他们遵守的规则是"Yes, and"（是的，而且），即先学会接纳，才能应变。其实，职场和即兴喜剧的相同之处在于，我们不可能同意别人说的每一句话，但这个"Yes，and"的规则，提醒你尊重每一个交流对象。是"Yes, and"不是"Yes, but"（是的，但是），也不是用反问去回答别人的问题。当你领会了即兴喜剧的要领和原则，很多职场对话都会变得轻松起来。

你的同事们想邀请你参加周末的爬山团建活动，但你对爬山没兴趣，想好好休息。秉承着"Yes, and"原则，抱持"梗再烂我也接"的决心，你的回答可能是这样的："亲爱的家人，我周末已有安排，但是我特别好奇你们爬到山顶之后看到的景色。到了山顶记得发朋友圈，周一我们一起去餐厅吃午饭，期待你们及时分享爬山的经历。我为你们点赞。"

职场也是一种舞台，每个人的权利和诉求都得到表达和回应，同事们互相"捧哏"，在彼此的善意与信任间形成一种凝聚力和正能量，自然而然灵感就会迸发，彼此成就"一出好戏"。

π 型人不设限

日本管理学家大前研一提出过"π 型人"理论。按照他的说法，I 型人完全聚焦和依赖于唯一的专长领域，T 型人除了专精于第一领域，还具有第二专长，π 型人于专业技能具有高掌握度，同时拥有第二、第三项专业技能，具有跨领域的观察视角与经验，能够创造出相当于一般员工双倍或者三倍的价值。

其实，π 型人最关键的能力，是跨领域的观察视角与经验，有一整套来自不同领域的思考方法、沟通方法、工作方法的集合。他们过人之处在于不给自己的职场角色设限，不给自己的思考方式设限。

笔者曾经向一位公认的 π 型职场人请教，如何克服工作中容易情绪化的问题。他给出的回答出人意料，不是向某某人学习，而是建议向 AI（人工智能）学习"处事原则"。

用他的话来说，的确有人在工作中很少受到情绪影响，但你很难真正明白他们思考的机制，因此很难学习其本质。但 AI 的工作机制却是十分清晰的，真正的"对事不对人"。职场人在处理工作时，可以向 AI 学习，撇开个人情绪，从理性角度思考这个任务能不能执行，该怎么执行才是最优的方案，秉持着就事论事的节奏，一步步推进工作。

工作中时刻都可能遇到问题，跨界思维的另一种含义是，不用怕，方法比问题多。只要能解决问题，向 AI 反向取经也无妨。

面对"不可抗力",
即刻开启职场"B 计划"

"一箱共 10 种蔬菜 89 元,农场直发,11 点前下单本市当天达。"疫情三年,导游郭阳的"朋友圈"风格突变,从绚丽的普吉岛风景、东京民宿以及豪华游轮,变成刚从田间地头采摘的时鲜蔬果和社区团购的刚需商品。

三年时间,疫情反复,面对不断延后的开工日期,经营小旅社的郭阳和同事着手自救,依仗多年积攒的客户资源,做起了社区团购业务。做了多年导游,突然在职业角色上调转枪头,郭阳他们有过忐忑,但坚持数月,他们发现"调整"并没有想象中那么困难。原先的客户有在市郊经营农场的,有从事水产养殖的,还有做消杀用品批发的,而更多客户正好需要采购这些平价产品,"八面玲珑"的郭阳把手头的人脉资源"盘活"了。他还雇用了一些同行一起找货源、做团长助理,做直播带货,帮助他们渡过生存难关。

遇到不可抗力,原本顺利的"A 计划"行不通,那就换个思路,执行"B 计划",把自己之前积累的资源用起来,一样可以在职场上生存和发展,是当下职场中郭阳们的真实写照。

实际上,面对各种不可抗力,就连叱咤一时的"大佬"们也纷纷开启了职场"B 计划"。当年有褚时健靠着种植褚橙再度成就商业传奇,现在有"互联网老干部"当当创始人李国庆、凡客创始人陈年以及新东方俞敏洪活跃在"宇宙尽头"带货直播间。

宇宙的尽头究竟是不是直播带货不重要，重要的是有敢于改变计划、再度出发的勇气。前路不通，不用拼个头破血流，不如换一种思路，换一个角色，或许海阔天空近在咫尺。

原地转身，现有资源再开发

对护肤产品熟稔的商场柜姐们化身"李佳琦"线上促销，不小心成了"直播达人"；艺术研究员凭借精彩的展览云讲解，无意间做了"知识网红"；专业运动员化身在线健身教练，搭上了"刘畊宏现象"的顺风车……正如一位转型在线带货的美妆柜姐所言，"其实，往线上发展是我们这一行的趋势，只是不可抗力的出现，促使大家更快去调整和适应行业趋势"。他们并没有以"一刀切"的方式切换跑道，重新开始耕耘不熟悉的领域，而是以较小的代价，寻找自身与时代的契合点，实现资源、经验的变现、再利用。这种转变"无缝衔接"。

"没想过自己会在线上变成其他设计师后辈的职业导师。"除了旅游业和实体零售业，疫情也让知名设计师老侯的事业暂时停摆。此前，他对直播带货、线上看展等云模式并不感冒，身为设计师，他更注重人和人面对面交流，用手触摸设计产品的体验。

然而，在家宅了一段日子，不断有年轻设计师向他请教未来的职业之路该怎么走。老侯耐心回答了这些年轻人的问题之后，忽然发现，自己可以用多年的行业经验为后辈同行引引路。于是，他连忙联系了直播平台的朋友，连做了好几场设计师职业规划的直播，引来了不少设计后辈的关注，甚至还有家居产品厂商看到他的直播颇有人气，各种合作意向慕名而来。

学会调整，"基本功"是刚需

"设计师不只会画图、创作，也需要很强的判断力和沟通能力，这些底层能力有更多被发挥和发掘的可能。"老侯在总结"B计划"要诀时坦言，学会在职场中调整角色是一方面，另一方面，是要有扎实的"基本功"。

"基本功"有各种形态。"大佬"们本身的人脉圈子、知名度、话题热度、之前带领团队所创造的辉煌战绩，就是他们的"基本功"。而普通人的"基本功"更多地是落实在专业技能上。俞敏洪的属下董宇辉，双语文采飞扬、出口成章、引经据典，而且能吃苦，有极强的服务意识，这是他调整角色后在直播红海中脱颖而出的重要原因。

现代社会处处在变革，计划没有变化快，从企业到个人，都必须适时进行角色调整。主动调整更容易掌握先机。

笔者曾经在2020年疫情期间采访上海工匠于相武。他从事人工智能研发，企业主攻的方向原本是各种形态的机器人。疫情来袭，于相武公司的业务也大受影响。对市场局势作了考量，他果断暂停了剩余的机器人订单，利用二十多年从事自动化行业的经验积累，全力研发全自动口罩机。当很多企业在发力改行做口罩、防护服的时候，于相武已经开始为他们提供制造工具了。订单不断的同时，各大媒体争相报道他的事迹。这可能是笔者所见的最有先见之明、最具判断力的职场"B计划"，没有之一。

机会是给有准备的人的，"B计划"之所以能在意想不到的时候被顺利执行，发挥奇效，关键还是那些职场人在平时一点一滴像"扫地僧"一样积攒着"基本功"。

当不可抗力以加速度的方式将转型时机推送到面前，自带"基本功"的职场人自然而然就能开始"B 计划"的实践，最终闯出一条新的路，渡过难关，再度迎来春暖花开。职场的每一分钟都值得用在积累"基本功"上，看似是笨小孩，却能得到老天厚爱。

"三胎时代"，"生""升"
仍是二选一难题？

"恭喜啊，还有两个指标。""三胎"政策落地当天，办公室里同事们相互打趣调侃。但认真聊起来，你不难发现，很少有职场人是真的敢冲着完成"指标"而去的，尤其是女性。

智联招聘发布的《2022中国女性职场现状调查报告》显示，"三胎"政策放开后，职场人的生育愿望仍然有限，其中，女性尤甚。仅0.8%的女性准备生三胎，占比低于男性的5%。

20世纪下半叶以来，世界发生的最大变化之一，是女性大规模登上职场的舞台。2019年3月下旬，国务院发展研究中心市场经济研究所原所长任兴洲在首届中国酒业女性发展大会透露，全球女性劳动参与率是48.5%，发展中国家为69.3%，发达国家是52.6%，中国女性劳动参与率超过70%，位居世界第一。然而，受限于生理因素、社会习俗，女性就业始终存在一些问题，其中无法回避的就是"生育"。在传统社会文化中，照顾孩子更多地被认为是女性的职责。我国相继全面放开"二孩""三孩"政策后，很多职场女性仍然要在"生"和"升"的两难中作出抉择。

2021年11月25日，上海正式修订了《上海市人口与计划生育条例》，标志着三孩政策正式在本市落地。一系列支持的配套措施也相继出台，新增了育儿假，生育假从三十天延长至六十天。福利加码却有了新隐忧，2022 年 1 月，市政协委员在进行调研时发现，约 70% 的参与调研企业认为，三孩政策及配套假期对女职工的就业和发展"影响很大"，而在"三孩政策及配套假期对企业用工会产生哪些影响"这一问题上，81.51% 的参与调研企业选择了"招聘和晋升女职工会更为谨慎"。

如何破除两难局面？工作、家庭和生育真没有办法平衡了吗？

每个职场女性遇到这样的局面，都会摸索自己的解决之道，但无论是什么解决方案，都有舍有得，关键是"值得"。

"超人妈妈"不惧"母职惩罚"？

职场上从来不乏"超人妈妈"的传说，既能赚钱养家，又能貌美如花，既能在职场上披荆斩棘，又能将小家庭维护得井然有序。然而，传说只能是传说。笔者在财经媒体就职时，曾经采访过不少精英级别的"超人妈妈"，在和她们深入沟通之后发现，她们的背后都有保姆、阿姨或者女性长辈默默付出支持。

比如，笔者曾经采访过一位在上海生活的美籍华裔女强人，她雇了几位阿姨全程照顾孩子，阿姨之间分工明晰。有一次，她的小儿子生病没去幼儿园，正在家中忙碌接受采访的她偶然见到阿姨带着孩子在屋里溜达，像见到许久未见的朋友一样和孩子打招呼问候。

这些女性精英之所以生了娃之后还能在职场上一往无前地拼搏，得益于有人在育娃领域替代了一部分母亲的角色，扛下了琐碎繁重的照料孩子的工作。

对于大部分已生育的职场女性来说，超人梦想太过遥远，现实中却有"母职惩罚"（motherhood penalty）不得不去面对。女性一旦成为母亲，就会在其职业生涯中遇到"系统性"的不利因素，在职场中遭遇到显性或隐性的负面影响。电视剧《蜗居》中海萍为照顾女儿拒绝加班而惹怒上司，办公桌被搬到厕所旁的桥段在现实中不少见。

当然，现实中有的上司做法更加隐蔽，对"不听话"的职场妈妈形成团队孤立。原先辛苦耕耘的资源被没有生育负担的同事瓜分，能力不如自己的男同事、未婚的女同事连连晋升……拿不到好的项目，没有同事支持协作，在绩效上时不时被打"差评"，职场妈妈陷入窘境的类似例子不在少数。尤其，当公司面临业务调整、优化裁员，"希望分出更多精力照顾孩子和家庭"的职场妈妈首当其冲。既然"母职惩罚"是系统性的，那么，成为职场妈妈后，应对性地系统调整也势在必行。

保持平常心，找寻"平衡点"

笔者所接触的职场妈妈中，有人通过考取编制去了压力相对小、几乎不加班、工作稳定的用人单位。在金融机构工作的珠珠为了照顾两个子女，考取了一所中专的行政岗位。她现在的收入只有原先的三分之一，并且她还推却了领导的提拔意向，因为不想承担更多工作。她的抉择出于家庭的实际，先生常年出差，照顾教育孩子的重担由她来挑。但这两年，考取编制难度不断提升，能通过这条途径调整的职场妈妈为数不多。而且，即便是考编成功，工作也并非处处尽如人意。

实际上，还有一些更容易实现、焦虑感相对少的方式。其中之一就是在现在的工作单位中"就地"调整。笔者之前所在的媒体行业中，有不少女记者在产后调岗做编辑，也有女记者从工作强度较高的媒体跳槽到了压力没那么大的地方机关媒体。笔者的另一位金融业朋友，从压力较大的业务部门调岗到了没有具体业绩指标的培训部。当然，这样的"就地"调整对"天时地利人和"提出了高要求，用人单位够不够大，有没有丰富多样的岗位可供调整，上司是否通情达理，都是必要条件。遇到会把职场妈妈安排到厕所旁就座，或者想尽办法鼓励羞辱生育女性的领导，这条途径也不可行。再有，就是本身的能力受到用人单位的认可，用人单位愿意给予负重前行的职场妈妈数年的"缓冲期"。

当然，还有一些职场妈妈下了大招。有人认为，职场妈妈为育儿暂时中断事业后回归职场有一定的困难，但就有职场妈妈早早布局，在生育之前便建立人脉，在暂别职场生涯时仍尽可能地关心、了解行业动态，和几位靠得住的朋友甚至是行业大咖保持联系和互动，在对方需要时帮把手。之后再度复出，拿到入职邀请也是自然而然的事情。

另外，生育之后，很多职场妈妈发现，她们的很多能力得到了强化。自己的很多时间和精力给了孩子和家庭，但像共情能力、对人情世故的理解能力、感知能力、对时间管理能力都得以增强，这些方面还真的可以在职场加以利用和发挥。

法律小贴士

以上海为例，职场女性生育能享受哪些假期?

上海女职工产假与生育假相加，在生育期间可有一百五十八天假期。在子女年满3周岁之前，夫妻双方每年可享受育儿假各五天。

《上海市计划生育奖励与补助若干规定》第二条规定，符合法律法规规定生育的夫妻，女方除享受国家规定的产假外，还可以再享受生育假六十天，男方享受配偶陪产假十天。生育假一般应当与产假合并连续使用，享受产假同等待遇。配偶陪产假应当在产妇产假期间连续使用，按照本人正常出勤应得的工资发给。增加的婚假、生育假、配偶陪产假遇法定节假日顺延。

陪产假使用上的几个注意事项：一是"配偶陪产假十天"应当在产妇产假期间使用，故陪产假一般不适宜在女方产假休完之后另行使用；二是陪产假遇法定节假日顺延，在实务操作中，大部分男方在女方生产期间申请休陪产假，但这里要注意区分。女方生产期间应当休产假，产假遇法定节假日是不顺延的，而男方在生产期间休陪产假，遇到法定节假日，是可以顺延的。

法律对职场女性生育的保护措施

《劳动合同法》第四十二条规定，劳动者有下列情形之一的，用人单位不得依照本法第四十条、第四十一条的规定解除劳动合同：……（四）女职工在孕期、产期、哺乳期的；……

依据《女职工劳动保护特别规定》，女职工在孕期不能适应原劳动的，用人单位应当根据医疗机构的证明，予以减轻劳动量或者安排其他能够适应的劳动。

对怀孕七个月以上的女职工，用人单位不得延长劳动时间或者安排夜班劳动，并应当在劳动时间内安排一定的休息时间。

怀孕女职工在劳动时间内进行产前检查，所需时间计入劳动时间。

另外，法律对于女职工在孕期禁忌从事的劳动范围也有明确规定。

关于哺乳期

根据国务院有关规定精神，女职工的哺乳期应为十二个月，即从婴儿出生之日起至婴儿满1周岁止。

进阶篇

打怪升级成高手

从"职业角色"到"能力角色"，掌握硬核竞争力

职场人不是演员，但每个人都有自己的角色。

职业角色，一以概之，是以广泛的社会分工为基础而形成的一整套权利和义务的规范、模式。教师的职业角色就是为人师表、教书育人的园丁；新闻记者就是及时捕捉新闻线索、对新闻真实性负责的"无冕之王"；外卖小哥的职业角色就是接单之后，把餐点及时送到点餐人手中的接力者、传递人。

职业角色作为最重要的社会角色之一越来越受到人们的关注。一些人在职场生涯中会多次更换职业角色，主动从一个行业跨越到另一个行业，堪称"职场变色龙"。毫无疑问，每一次职业角色转变，都要付出巨大的勇气，以及从头开始摸索的毅力与决心。

而另一些人则是求稳，渴望能够在某一个行业内不断深耕，不断增加职场竞争力，最终在行业内牢牢站稳脚跟，能立于"不败之地"或者打造出属于自己的一片"安全港"。

在我们生活的这个时代，科技的迭代、经营理念的转变，运营模式的更迭，使得不少行业发生了颠覆性的变革。因而，即便是不太愿意主动换行的"求稳派"，他们中的一部分人也会遇到"职业角色"转变的问题——即便不想变，也不得不变。

在知乎等平台上提出"什么职业比较稳定""有没有至少十

职场课

年内不会变化的职业"的年轻网友不在少数。不过，用一些指导师的话来说："与其去空想哪些职业角色不会发生巨变，还不如把精力放在练就工作硬核能力上。职业角色决定你做的是什么工作，要完成什么样的工作，而真正在行业内扎根，在本职岗位上做出出色成绩的人，都要完成从'职业角色'到'能力角色'的蜕变。"

这番话道出了不少职场"过来人"的心声和真实体悟。除了像两院院士、文学巨匠等大师级人物，职场上几乎没有不可替代的人，但是从单纯的"职业角色"担负岗位之责，变成了以"能力角色"来工作，平凡的职工也可以成为职场中的 VIP、"民星"，让自己专属的职场"金字招牌"熠熠生辉。

有能力才会有"用武之地"

"我也曾经对自己的工作有过迷惘，还百思不得其解，为什么严格按照教科书上的治疗方案来执行，却对患者没有效果。"几年前，刚到牙防所工作的闵岩还处于正式穿上白大褂的兴奋中，就遇到了"职业角色"方面的困惑。这种困惑甚至让他夜不能寐，太想把工作做好的他，睡梦中也在思索自己到底是哪里不足。

出于对牙医工作的热爱，从入行开始，闵岩就不断探索、查资料，除翻阅国内外最新的治疗方法资料之外，他还抓住一切机会，拜前辈为师，向他们虚心求教。在不自觉地从"职业角色"向"能力角色"跨越的过程中，他的治疗手段不断精进，不仅在基础牙病治疗上"快""准"，大大减轻了患者的疼痛体验，还掌握了部分"疑难杂症"的有效治疗方法。经过多年的磨练，闵岩成了牙防所的"招牌"。

更多患者慕名而来，这让闵岩有了更多探索和攻克牙科疑难杂症的机会。与此同时，诊所的各种资源开始向他倾斜，领导有意识地栽培他，为他提供在专家云集的学术研讨会上交流切磋的机会。"我深切地体会到之前有前辈说的，有能力的人，才会找到自己的'用武之地'，找到了自己的'用武之地'后，才有机会让职场的舞台变得更大。"

环卫公司机修班班长刘勇是新上海人。彼时从农村到上海来务工，老乡给他介绍了楼宇保安的工作。"这份工作其实是蛮稳定的，我的老乡至今还是在干保安。"但是，刘勇有自己的想法，他认为自己应该先学技术。因为对机修技术很感兴趣，他去一家机修公司当学徒。由于他勤奋肯干，老板同意他在工作之余去夜校进修，并在工作中给了通融和方便。虽然辛苦，但是刘勇抱着只要能学到技能，其他都是小事的心态，一心一意扑在精进技术、提升理论水平上，没几年，他就成了机修的行家里手。

然而，刘勇没想到，正在他的事业上升期，机修公司却歇业了。不过，公司客户中有一位环卫公司的管理者，曾经找刘勇解决过机修难题，对他的技术实力印象深刻。听到消息，这位管理者主动找到了刘勇，邀请他去环卫公司应聘。之后，刘勇成了这家环卫公司的机修骨干，还曾被推荐参加行业技能竞赛，获得不错的名次，成为公司的技能标杆。

職场课

能力积累除了敬业还要用心

除了节假日，工作每天都要做，但是即便把一份工作干到退休，很多人也并没有完成从"职业角色"到"能力角色"的蜕变。其中的原因值得深思。

事实上，除了苦干、敬业，要从"职业角色"晋升为"能力角色"，还要用心学习，寻求自身"质变"的突破点。世上无难事，只怕有心人。只是不断机械地重复工作，不去思索，不去想着如何改进，这是培养职业能力的大忌。

同为应届毕业生进入房地产中介公司的小姜和小施，两个人在工作上都表现得很勤奋，带客户看房、为客户寻找目标房源，做各项服务都积极主动。小施的热情仅限于服务好客户，凭业绩和口碑赚取更多佣金。而小姜一边做好服务，一边在思索和观察，在看到自己的不足后，试图通过熟悉整个房产售卖、交易的流程发现自己存在的能力短板和知识的欠缺。

在平日的工作中，小姜不断学习相关的法律知识和金融知识，对房产交易中的任何细节问题都不放过，甚至还通过自学查阅了大量国内国外的房地产交易资料。因为对整个行业的知识都有涉猎，小姜成了出身于行业基层的"半个专家"，之后被一家正在初创过程中的互联网房企所"猎"，成为初创团队中的骨干。随着这家公司的做大，小姜的事业也随之水涨船高。而小施现在仍在地产中介公司就职，干着业务员的工作。

每个行业中都有类似的故事。有的产业工人因为肯钻研、善动脑，成了岗位上的能工巧匠、创新能手；有的记者因为负责某一领域的报道，不断学习，成了某一领域的专家。当工作三年五年后，手头工作炉火纯青，对行业有一定的了解、观察和思考，职场人可以谋划在职场上再上一层楼，通过布局、规划和积累，实现从"职业角色"向"能力角色"的转变。

毫无疑问，按照"能力角色"来工作，不仅能让职场之路方向明晰，也能让路越走越宽，视野越来越广阔，思维格局再度拓展，职场发展上一个台阶。

所以，如果觉得遇到了工作的瓶颈，或者遭遇了迷惘，不妨换一个思路，寻找让自己在现有岗位上练就核心竞争力的可能性。说不定，机会就在身边，正向你招手。

复合型人才到哪都香，
练就你的"两把刷子"

刚进入职场，不少新人急于成为办公室里最有竞争力的那个，时不时会扪心自问，是发挥专业优势做个"专才"，还是弥补劣势成为"全才"？结果发现，职场人才观令人眼花缭乱，人才都有各种"型"，T型、π型、梳子型，有教人扬长避短，有教人取长补短，十分矛盾。

我们可以看看招聘市场的趋势——不少企业 HR 表示，新格局下，人才结构发生了变化，技能要求升级，数字化、复合型人才需求比重增加。

答案明确，就是"复合型人才"。

复合型人才，是指在各个方面都有一定能力、在某一个具体方面出类拔萃的人。不仅是就业市场释放了信号，培养复合型人才已经成为高校的共识。教育部印发通知，鼓励高校开展第二学士学位教育，被很多人视为拓展培养复合型人才重要渠道，进一步优化人才培养结构，为高校毕业生创造更多再学习机会，增强学生就业创业能力的举措。

实际上，在职场上，拥有"两把刷子"的复合型人才一直很走俏。在各类岗位的激烈竞争中，用人单位普遍对复合型人才给予了更多关注。因为复合型人才不仅在专业技能方面有突出的技能、经验，还具备其他方面的专业技能，常常能给用人单位、雇主带来"意外惊喜",创造出更多的劳动价值。

比如,你不仅是能将代码写得行云流水的程序员"大牛",而且有银行、保险、证券等金融专业的背书,那么你就大概率是金融机构争相延揽的 IT 人才;再比如,你去会展公司应聘英语翻译,你不但对会展行业的情况了如指掌,又对商务谈判技巧有着丰富的实践经验,自然更容易在一堆面试者中脱颖而出,胜券在握。

而在具体的工作中,很多职场人之所以能技高一等,在激烈的职场竞争中立于不败之地,也是因为他们牢牢掌握了"第二把刷子"。

职场处处需要复合型人才,练就"第二把刷子",对职场人来说势在必行,刻不容缓。

技多不压身,"多面手"笑傲职场江湖

设计师王宇怎么也没想到,原本十拿九稳的客户竟然被另一家竞标机构的主理设计师拿下了。"无论是表达设计意图的构思,还是最终渲染后呈现的效果图,都被挑剔的客户认可,怎么最后还是成了陪标的?"这个疑问在王宇心里盘桓良久,直到那位主理设计师跳槽到王宇所在的公司,成了他的同事,王宇才找到了答案。

"他的沟通能力非常强,即使是职场上的竞争对手,我也能感知他在待人接物上的理解力、表达能力和感染力。"这次王宇和当年的对手同在一个项目组,不仅领略到这位设计师的团队合作能力,也见识到对方与客户沟通时的精彩表现。这位设计师不

职场课

仅对客户的需求洞若观火，面对客户时不时的"任性"，他丝毫不发火，却也并非唯唯诺诺，而是有针对性地准备了各种设计实例，通过实例解说，让客户慢慢冷静下来。不仅如此，他还从只言片语中一点一滴挖掘出客户真正的需要。

更让王宇没想到的是，这位同事还能对客户在装潢后的艺术品搭配需求做一番指点。"这原本都是艺术顾问应该做的事情，但他从设计师的角度给出的建议，与设计风格很搭配，还能引经据典，对各流派艺术史娓娓道来，客户听着觉得非常中肯。"据说，这位设计师就是凭这些能力吸引了一批铁杆粉丝级的客户，几乎对他的方案和意见"言听计从"。

在设计行业，一直有这样的说法：一流的设计师，从来不会用一张图纸束缚自己的头脑和手脚。不止是像设计这样的创意行业，教育行业、新兴科技产业也都需要从业者成为"多面手"。

"做老师，不懂心理学肯定是不行的。"顾玉明大学毕业后做起了语文老师，他坦言："不学教育心理学，没有足够的实践，还真的感觉自己和学生隔了一层。"在入行之初，他也为此苦恼过。幸而得到"带教师傅"，一位熟稔心理学的老教师指点，顾玉明这才开了窍，钻研起应用心理学，并且在实践中积累经验，逐渐把课上得生动有趣起来，成了学校的青年教师骨干。

"我还不算是完全精通，还需要更多磨练"，顾玉明认为，教师的职责是教书育人，功夫不只在书本上，懂得并用好心理学知识，能让他在讲台上更加张弛有度。而那位指导他的"老法师"最近刚刚退休，凭借着"第二把刷子"去社区做起了心理咨询的志愿者倒也是游刃有余，广受居民好评。

"复合"有门道，从本职拓展、从兴趣出发

和正儿八经去进修第二学位，拿到学府的盖章认证不同，很多复合型人才的"第二把刷子"其实是"隐形"的。

前文提到的设计师与客户的沟通能力，以及洞察客户没能用语言表达的真实需求的观察力、判断力，都是局外人难以察觉的；而教师是否懂得心理学、能否将其付诸有益的实践，也是隐含在教学过程的种种细节之中。

事实上，成为复合型人才并不是一朝一夕的事情，而如何"复合"，使得多重技能的关联互动产生"1+1>2"的效果，其中也大有门道。对此，有职业规划师建议，一种途径是先以自己的本职工作为立足点，关注自身工作，关注行业发展。

"从自己的工作领域进行拓展，练就与之相关的其他技能，这样的收益更加明显，而且也常有立竿见影的效果。"用职业规划师的话来说，如果因条件限制，职场人一时难以获得职业技能的多元化培训机会，可以尝试积极协助同事的工作，主动争取在用人单位中轮岗的机会，以"查漏补缺"对照自己的技能，找到职场"第二把刷子"的学习目标和学习机会。

另一种途径是从自己的兴趣爱好出发。笔者身边就有这样的例子。笔者的朋友莉莎之前是人事经理，她很善于与人交流，积攒了很多客户朋友资源，同时她也喜欢与公司的员工谈心。同事及下属平时有什么事都喜欢与莉莎交流，像是跳槽、处理同事之间的关系、抓住晋升机会之类的事，总是与她商量。而莉莎对帮

职场课

助别人也是乐此不疲，慢慢地莉莎也知道了有类似专门帮助别人进行职业发展规划的岗位，叫职业规划师。于是，莉莎便带着这番兴趣参加了系统培训。而正因为她对职业规划有了深刻、系统的了解和学习，现在，她已经成了公司的人力资源总监，负责公司的员工培训业务。

"复合"得有道理，"复合"得有效益，这样才能在职场中立于不败之地，这样的复合型人才哪里会不香？

越自律真的越自由?
别把自己搞得神经紧张

不知何时起,你的身边出现了各种自律的人,有人每天坚持在朋友圈打卡提高英语,有人定期去健身房锻炼秀身材,还有人报名各种技能培训班拓展能力……越来越多的职场人信奉"越自律,越自由"的理念,追求高度计划的工作和生活模式。

然而,面对网上倡导"自律"的海量信息,以及"人生监督师"的花式提醒,也有职场人发现,他们和身边的"自律标杆"作对比、找差距之后试图迎头赶上时,却陷入了更深的焦虑和挫败感之中。

信心满满地办了健身卡,立志要在运动中重塑身形,坚持了半个月就开始为逃避教练的"追踪"找各种借口;学着畅销书做时间管理,定下密密麻麻的周计划、月计划,实施的时候却发现高估了自己的意志力……

向上的职场之旅需要自律,更需要坚持自律。人生蜕变就从自律的那一刻开始,但是养成自律需要一个过程。按照教育学理论,人对知识的学习掌握是一个螺旋上升的过程,还要不断与遗忘作斗争。自律也是一种学习和养成,一蹴而就的情况很少发生,曲折徘徊却很寻常。所以,坚持自律的同时,别把自己搞得神经紧张。

職場課

別把自律等同于完美

事实上，就在一片自律"鸡汤文"的海洋中，也有人发出了不同的声音。在传播甚广的《高度自律30天后，我的生活彻底崩溃了》推文中，作者亲身实践了高度自律的生活：每天专注工作7—8小时，业余时间则被用来健身、学英语，看自我提升的书籍，几乎不刷微博、朋友圈，非必要的聊天不多于三句，早睡早起不赖床，走路、通勤都在思考工作的问题和明日计划……

这样的日子充满了成就感，但作者透露，自己在高度自律的一个月后因神经过度紧绷出现了抑郁症状。变强了，也抑郁了。事实上，作者的经历很有代表性。不少职场人试图以自律获得更大的自由，却反而因此承受了更大的压力，陷入了行动和情绪之间的"怪圈"。一位在精神科工作四十多年的医生也透露，他所见过的大部分抑郁症患者都是自律、善良、追求完美的人。

"自律达人"道出了其中的原因。在"早起联盟"发起人之一王煜看来，陷入"怪圈"的主要原因在于实施者缺乏明确的目标和动力，又过于追求完美。

王煜表示，彼时他和身边的朋友发起了早起健身的计划，目标是"把自己从肥、宅、懒的状态中解救出来"。他和朋友的目标单纯而明晰，跟自己的舒适区对着干，起步阶段却很痛苦。每天早晨5点半起床，6点钟开始锻炼，他们通过在微信群中视频打卡互相监督和鼓励，每月中断超过三次便被"请出群"。

这个微信群里不断有新的朋友加入，用王煜的话来说，积极向上、抱团前进的氛围支撑他们坚持了下来。生活里的各个方面

178

是彼此影响的，作出了一个好的改变，其他的变化就随之而来。从完全不运动到慢跑十公里毫无压力，衣服尺码从 L 换到 M，王煜在成功达成减重目标的同时，原本陷入瓶颈期的事业也获得了意外的提升。因为在一个侧面的自律发挥了作用，"新世界的大门"便打开了。

坚持才能渐入佳境

"当一个人拥有了自律，也就拥有了解决人生问题最主要的工具。"说得没错，但是要握住、驾驭"自律"这把乘风破浪的宝剑，还需要一些方法。而其中，最重要的方法就是坚持。

日本著名小说家村上春树是个出了名的自律狂。但其实在 29 岁决定写小说之前，他的生活与自律无关，经营一家酒吧，作息日夜颠倒，极其不规律。

每个人一生中都会遇到一些转机，内心充满渴望，就会全力以赴去努力，村上春树就是如此。一场棒球赛触发了他强烈的小说创作欲望。有强大的动力作为支撑，在写小说之后，他的生活慢慢变得规律起来。而在坚持创作的过程中，他发现自己的身体因为精力不济，很难长时间保持高昂的状态。33 岁这年，他开始运动、控制饮食。刚开始，他跑 20 分钟就开始大喘气。"速度和距离姑且不问，我先做到每天坚持跑步，尽量不间断。"

在村上春树看来，速度、训练强度都是其次的，坚持是他最看重的。正是因为坚持，他身体的各项机能都慢慢适应了节奏，肌肉变得强健，肺活量也增加了。数年的坚持练就自律习惯的过程中，村上春树悠然而快乐地享受着自己一点一滴的蜕变。

职场课

不仅是写作和跑步的自律,读书的自律也要循序渐进。"如果每天读一本专业书,可是有一天坚持不下去了,也不要放弃读书这个习惯,可以换另一本书来读,这样保持节奏不间断,但也不自虐的状态,是最好的。"

这一点上,王煜也有同感。"如果想达到自律的目标,不必从一开始就制定一个非常全面、完美的计划,可以先从一个方面做起,好好地坚持下去,这样更容易获得成就感。"

真正成为自律而快乐的人没那么难,要做的就是坚持。

说是"社恐"实是"社懒"，
精准社交建人脉

《脱口秀大会》第三季，王勉用一首《社恐之歌》燃炸全场。"昨天上班他走进你那部电梯，你赶紧掏出没有信号的手机""你很怕上厕所和他相遇，因为迎面走来总得寒暄几句"，寥寥几句，戳中了职场社恐人士的痛点，引发无数共鸣。

都说人是社会性动物，交往是本能。然而，现在越来越多的职场人士标榜自己有社交恐惧症，不喜欢也不擅长与人打交道，平时见到同事、领导能躲就躲，团建聚餐能推就推，见面不知道说啥，不想尬聊，只能沉默。

有人说，工作努力但不会社交终将成透明人，"职场社恐"是职场发展之路上的绊脚石。不过，再回头来看，那些不怕生、自来熟，能与陌生人打成一片，社交活动活力满满的"社牛"们好像很辛苦，在酒局上听别人倾倒情绪垃圾、为所谓人脉参加各式饭局，忙于交际、疲于应付，鸡同鸭讲的尴尬无处不在。

如果确有"社交焦虑障碍"，因为惧怕他人对自己作出负面评价而难以参加演讲、聚会等各类社交，甚至在路上与陌生人眼神相对都可能引发强烈的焦虑，应该尽快进行心理疏导和矫正。

然而，职场人忙不迭给自己贴"社恐"标签的，在一定概率上其实是"社交懒惰症"，简称"社懒"。"社懒"虽然有"症状"，但并非绝对有害，相反，只要对"社懒"的特点善加利用，把握分寸，职场人一样可以积累属于自己的职场人脉。

拒绝"无效社交"，"社懒"没毛病

"社懒"真的是懒病吗？非也。其实，"社懒"的真正原因是"怕麻烦"，觉得很多事情没必要，费神费时间，于是，主动对自己的社交行为做筛选，屏蔽那些"无意义、不舒适的社交"，将省出来的时间用来独处、学习以及进行有效的高质量社交。

这里又要提到机会成本了，笔者在前文说过，时间是职场中最重要的机会成本。每个人的时间都是有限的，每天24小时，要工作、吃饭、整理个人内务、休息、睡觉，还要挤出时间运动健身、阅读、喝咖啡，甚至是自我治愈，照顾孩子、陪伴家人也需要大量的时间精力。此时，把宝贵的时间用在功利性、无意义的社交上，是不是太不值得了？

况且，工作以后，圈子窄了，人际关系却变得复杂。越来越多的无效职场社交并不能带来快感，还得时不时应对在这种场合射过来的"冷箭"。有的同事就喜欢刺探职场新人的家境，有的同事就爱八卦其他人的私人感情生活，还有些人你根本看不上也合不来，把大部分精力放在工作上的同时还要花费精气神去对付这些人，戴着面具强颜欢笑，这不等于是给自己添堵吗？就像日剧《凪的新生活》里，具有"讨好型人格"的主人公开篇就要面对一幕幕"无效社交场景"，看着就让人产生了窒息感。

没有"求人办事""托人办事"的刚需，作为参与社会活动的一种形式，社交的最终诉求是在交往过程中体会到愉悦和幸福。匀出时间给更值得的人和事，或是一本好书、一个醍醐灌顶的观点……让自己快乐比被困在无意义的社交场能带来更多满足。就像余秀华在《无端欢喜》中写道："我从来不指望吸引别人，我觉得这样很浅薄，我得吸引我自己，让我对自己有了热爱，才能完成以后一个个孤单而漫长的日子。我的这个心愿，是对自己最好的馈赠。"

精准社交，用心去维护人脉的深度

事实上，以"慵懒"的态度对待社交，并不意味着放弃。从某种意义上，"社懒"经历了"自我意识"的觉醒，有自知之明，懂得"断舍离"之道，聪明地、有选择地将社交缩小到了适合自己的尺度。在这个范围内，"社懒"能以最轻松的状态待人处事，作出判断和选择，而这种状态下的社交往往更高效、更精准。

相对于可以舍弃的无效社交，职场人更需要的是精准社交。有人反对说，从外部来看，人脉是不透明的，经常是从对方不经意的一句话中获取关系网的线索。其实，随着移动互联网和通信科技的发展，个体的力量被迅速放大，即使不依赖组织也能找到关键人物，构建自己的社交网络。

关键是你要有真材实料，才有能力去开启精准社交，寻找志同道合的盟友，以及提携你的职场贵人。如果你热衷于社交，却在专业上缺乏建树和发展潜力，犹如没有代表作品的流量明星，人设翻车或被遗忘都是早晚的事情。不少有经验的团队领袖都明白，不必费力和一大堆人维持关系，仅仅是由几个核心成员组成的团队就能把工作做好。与其把自己打造成"社交狂人"，不如用心去维护同少数几个重要人物的深度关系，提升工作整体效能和生活质量。"混圈子不如先把业务做好"说的就是如此。

　　另外，纯粹的"社牛"很难在职场上获得更好的发展机会。那些有头脑的"社交狂人"看似在广撒网，其实也是目标明确。笔者认识的某广告业务员就有"社交狂人"的人设标签，但在饭局等交际场上的你来我往、商业互吹只是他在试水、寻找潜在目标客户的方式。很多人没看到的是，他连续多日清晨6点站在某公司领导家门口，就是为了用诚心加上一点压力，促使领导能够签下订单。

　　当然，在拒绝无效社交的同时，"社懒"们保持有边界的善意和基本礼仪，做好自己分内的工作，仍是立足于职场的底线。

情绪管理磨平了"棱角"，
但能事半功倍

在职场上，"职怒"不少见。"真想冲上去捶他"的内心大戏每天轮番在不同职场人心中上演。不过，绝大多数人心里明白，如果真的去担纲"大戏"主角，除了赚得吃瓜群众的眼球之外，对自身没有益处。

但还是有人任由情绪爆发。遭到班组领导批评，苏某严重怀疑是平时与其有过节的同事李某打的小报告。于是，当天下班，苏某等在公司北门门口，看见李某出来，迎面就是一记响亮的耳光。苏某暂时出了气，但是紧接而来的是合同解约。公司在征求工会意见后，以苏某在公司辖区内殴打他人，严重违反公司规章制度为由，与其解除劳动合同。苏某不服，申请劳动仲裁，仲裁机构对此不予支持。

如果不能控制情绪，任由其放飞，一点小摩擦都可能让心情变得灰暗，甚至在工作中造成不可挽回的错误。韩亚航空客机上，两名副机长斗殴，虽然发生在起飞前，没有造成其余人员伤亡，却导致航班延误了1个小时，给乘客和航空公司带来了损失。这两位副机长不仅被航空公司辞退，还因暴力行为被追究法律责任。

"职怒"有风险，轻则丢工作，重则被追究法律责任。有网友把职场情绪管理比作"谁比谁能忍"的游戏，要与戴着不同面具的人"斗智斗勇"。这话在一定程度上反映了情绪管理的难度，能够管理好情绪的人，通常让人心生敬意。一些行业内的资深人士在很大程度上正是靠出色的情绪管理能力胜出的。

不夸张地说，情绪管理是一个职场人走向成熟的必修课。

与工作业绩正相关

2014 年 11 月初，浙江宁波市总工会发布了一份针对一万名职工的《情绪管理现状调查问卷》的报告。报告显示，工作环境、人际关系、身心健康、家庭生活是影响职场人工作情绪的四大因素。在被问及"您工作受到情绪影响吗"时，选择"经常"的人所占比例为 9.75%；选择"有时"的人所占比例为 72.08%。多数职场人认为情绪与工作业绩呈正相关的关系。

很多真实的例子也印证了这种关系。

护士小冰因为沉浸在先前处理家庭纠纷的烦躁情绪中，在工作时没有听清医生的医嘱，错拿一位病人的青霉素药剂准备给其他病人注射，幸好护士长在核查时发现，制止了大错的发生。这件事至今让小冰心有余悸。

行政文员菁菁对情绪管理的重要性也有体悟。刚开始工作时，原本习惯于大学闲适生活的她每天都要加班、赶项目。由于不能完全适应工作节奏，菁菁整个人的情绪攻击性不断升高，像一颗随时会被引爆的炸弹。这让菁菁和办公室同事间的关系越处越僵，任何和她交接的工作没有做好，哪怕是可以忽略的细节，她都会抱怨甚至找那个同事理论。

在朋友的提醒下，她咨询了心理医生，趁着年假在旅行途中进行自我疗愈和反思，情绪才渐渐平复下来。之后，她又阅读了不少关于心理和情绪的书籍，对情绪管理有了一定的认识。在换了工作环境之后，菁菁学会了做一个情绪平和的职场人，工作越来越顺利。因为被同事和领导认为是好沟通、靠谱的人，不久之后，她在新单位获得了提拔。现在回想初入职场的青涩，菁菁觉得很羞愧，之前很多事情都是些鸡毛蒜皮的小事，闹情绪、发脾气根本没必要。

毫无疑问，良好的情绪管理能力不仅对身心大有裨益，也能促使手头工作顺利推进，起到事半功倍的效果。问题可能会带来情绪，情绪却不能解决问题。如果你留心自己身边的同事、领导，就不难发现善于解决问题的人、被大多数人信重认可的人，大部分都是平和、善于管理情绪的高手。

设立"隔离带""防火墙"

如何有效进行情绪管理，在关键时刻仍保持平和的状态？有人会说："Love and peace（爱与和平）。"没错，这是一种答案，但是太过笼统。也有微信推文介绍过情绪管理九个关键词：冷静、理智、克制、思考、发泄、学习、别闲、兴趣、写日记，有道理，但做起来不易。

实际上，不少情绪管理的高手都经历过意识觉醒、自学、实践、反思、修正、再实践这样循环往复的过程。首先，意识到自己需要加强情绪管理很重要，这说明你开始反省自己在职场的思维方式和行为模式了。其次，情绪管理和人的个性、生活工作环境、阅历也都有一定的关系，需要时间去学习和"修炼"。

职场课

不过，有个便捷、立竿见影的方式，作为初学者，你不妨试一试——为自己的情绪设立"隔离带"和"防火墙"。当然，这样做的前提是你有情绪的自我认知。

当你和同事发生不愉快的摩擦时，在脑海中有意识地启动"防火墙"，拒绝怒气蔓延，及时克制，用同理心去找寻问题的根源，想办法解决问题。

而设置情绪"隔离带"，实则是让情绪随着场景和模式切换。就比如前文提到的小冰，在职场之外没能控制好情绪，切换到工作模式后，可以有意识地让头脑专注于工作，提醒自己，现在是工作，与之前的事情不是同一场景，情绪也要切换了。

另外，一些高手还有把情绪反射弧拉长的习惯。比如，当情绪上头、一时难以控制的时候，可以去茶水间喝一杯咖啡，或者暂停一下眺望窗外的风景、去洗手间洗把脸，抑或是在工作允许的条件下散个步、跑个步，这些看似无用的事情，有助于人们守住情绪奔涌的闸口，为自己争取更多理性思考、解决问题的时间。

有人说管理好情绪，就是磨平了个性的"棱角"。其实，个性棱角谁都有，只不过有人用情绪管理"覆盖"了个性"短板"，全情投入，让工作更加高效、舒畅。

全身而退、优雅"离开"是一门艺术

在国内职场环境中，除了政府机构、事业单位、国企等稳定性较高的工作单位，不少在外资、民营企业工作的职场人为了升职、加薪，每隔三五年就会跳一次槽。猎聘发布《2022Q1中高端人才就业趋势大数据报告》显示，第一季度近六成职场人士有跳槽计划。

人才流动是国内职场的常态。即便和"东家"之前有过龃龉不快，优雅地"挥一挥手，不带走一片云彩"，体面地离职，"不落后遗症"，别给自己的未来职场之路留下隐患，是现代职场人的标配技能之一。真正成熟的职场人即便离开原单位，也总能以令人满意的方式收场，但这着实需要深厚的职场"修为"。

有礼有节

确定离职后，职场人要做的事情包括但不限于递交辞呈，交接工作，归还贵重办公设备、资料，结算薪资、开具离职证明。听上去挺简单的，都是流程化操作，实际上，每一步都有学问。

理论上，在职场中正常的辞职流程是提前一个月（试用期内提前三天）提出书面辞职即可，不管领导同不同意，都可以办理离职手续走人。但有跳槽经验的人给出的建议是，要提前和领导

职场课

做好沟通工作，让他们有个思想准备，之后再制定合理的工作交接计划。"这样做既能避免因为安排不妥善导致工作出现停滞，也能避免和领导产生嫌隙和误解，能让自己的离职流程以及将来入职新公司的流程更加顺畅。"

而和领导沟通既要真诚，又需要一点策略。如果没有必要，不用提下家的具体名字，还没真正入职，防人之心不可无。但可以说一说对今后职业发展的想法，聊一聊选择离职的原因，回顾自己在这里的发展成长，真诚感谢领导的栽培。

有理有据

同时，离职的事务也需要细心处理。职员小文就职期间使用公司配给的笔记本电脑，离职当天，他口头知会部门主管，将电脑放在工位办公桌上，随即离开。但公司不认可这样的说法，相关主管亦无法证明其口头告知过，要求小文归还或照价赔偿。双方无法达成一致，对簿公堂。法院结合笔记本电脑购买价格、使用年限、折旧率等酌定小文向公司赔偿 2000 元。

事实上，有离职经验的人都知道，用人单位一般会提供离职流程清单，设备交还之后负责人会签收。有人仿照此方法，做一份工作交接清单发到工作群中，请同事、领导确认，客户名单等牵涉商业秘密的信息当着负责人的面销毁并要求其确认签字，以免产生纠纷留下"后患"和把柄。执行的效果据说不错。

不过，即便思虑周到，很多"坑"还是来得猝不及防。比如，有公司要求员工在离职前将同事的微信统统删除，此事件经网络公开后造成了舆情。最终，这家公司不得不通过微信公众号说明情况，并向员工致歉。

而离职后的汪小姐没有想到，自己居然被曾经就职的公司称为"小偷"。该公司还给100多个客户发邮件，称她不再是公司的销售人员，是"盗取"公司客户资料后离职的。如果不是一位和她交好的客户把邮件转发给她，汪小姐还蒙在鼓里。

气得发抖的汪小姐遂把前东家告上了法庭，由于公司无法提供确凿证据证明汪小姐盗取公司客户资料，法官依照《中华人民共和国民法通则》第一百零一条、第一百二十条，《最高人民法院关于确定民事侵权精神损害赔偿责任若干问题的解释》第八条第二款之规定，判决公司向汪小姐进行书面赔礼道歉、消除影响，在报纸上刊登道歉信，并赔偿精神损害抚慰金5000元。

还有的用人单位以各种理由拒开离职证明。但从法律规定而言，用人单位无法限制或延缓员工辞职（个别地方有脱密期的除外），员工辞职后，用人单位出具离职证明也是无条件的附随义务，不履行该项义务，有承担赔偿责任的风险。

在离职证明上"做手脚"也对职场人有很大的"杀伤力"。杭州某公司员工在离职后发现，公司虽然出具了离职证明，但是其中添加了"因个人原因停止工作""未交付相关工作内容，不能承担职责"等描述。员工认为恶意评价对自己的名誉和再就业造成了负面影响，将该公司告上法庭。法院查明事实后判定，公司需要在判决生效之日起七日内，重新向员工出具《离职证明》，而且《离职证明》"内容须经本院审定"。

职场课

法学专家表示，出具解除或终止劳动合同的证明，用人单位不能"随心所欲"，离职证明的记载内容是否适当的主要标准具有客观性。如果用人单位有"任性"出具离职证明的行为，劳动者有权说"不"，并要求用人单位重新出具离职证明。

凡事留一线

离职过程考验个人情商，在确保自己的合法权益不受侵害的基础上，凡事还得留一线。

最要不得的就是认为自己反正要走了，开始对有过龃龉的领导、同事恶语相向甚至直接开骂。这样的"名场面"并不少见。但这么做除了能暂时出口气之外百害无一利，被盖章认证是低情商的同时，还可能因此将公事演化为纯粹的个人恩怨，给自己"埋雷"。

若干年之后，你再跳槽，说不定这些人低头不见抬头见，尤其是在某些对口性极强的专业。笔者有一位朋友学的是船舶专业，所对口的理想工作就在那几大船级社和船舶公司。要做背调，打个电话给同行 HR 就一清二楚了。

不只是用人单位在处理离职申请时不能"任性而为"，职场人对过客"一笑泯恩仇"或许是更聪明的做法。笔者所见的职场人中，也有在离职之后把前同事、前领导变成人脉资源的。这是将为人处世上升到了艺术级别，不得不说，双方都具有超高的情商和宽广的胸怀。

离职有什么规定

《劳动合同法》第三十六条规定，用人单位与劳动者协商一致，可以解除劳动合同。

第三十七条规定，劳动者提前三十日以书面形式通知用人单位，可以解除劳动合同。劳动者在试用期内提前三日通知用人单位，可以解除劳动合同。

第三十八条规定，用人单位有下列情形之一的，劳动者可以解除劳动合同：（一）未按照劳动合同约定提供劳动保护或者劳动条件的；（二）未及时足额支付劳动报酬的；（三）未依法为劳动者缴纳社会保险费的；（四）用人单位的规章制度违反法律、法规的规定，损害劳动者权益的；（五）因本法第二十六条第一款规定的情形致使劳动合同无效的；（六）法律、行政法规规定劳动者可以解除劳动合同的其他情形。

用人单位以暴力、威胁或者非法限制人身自由的手段强迫劳动者劳动的，或者用人单位违章指挥、强令冒险作业危及劳动者人身安全的，劳动者可以立即解除劳动合同，不需事先告知用人单位。

用人单位的义务

《劳动合同法》第五十条规定，用人单位应当在解除或者终止劳动合同时出具解除或者终止劳动合同的证明，并在十五日内为劳动者办理档案和社会保险关系转移手续。劳动者应当按照双方约定，办理工作交接。用人单位依照本法有关规定应当向劳动者支付经济补偿的，在办结工作交接时支付。

离职证明的内容不能随意写

根据《劳动合同法实施条例》第二十四条的规定，用人单位出具的解除、终止劳动合同的证明，应当写明劳动合同期限、解除或者终止劳动合同的日期、工作岗位、在本单位的工作年限。

劳动者离职不办理工作交接会有什么后果

《劳动合同法》第五十条第二款规定，劳动者应当按照双方约定，办理工作交接。用人单位依照本法有关规定向劳动者支付经济补偿的，在办结工作交接时支付。

为了确保劳动者按时交接工作，用人单位一般会与其约定相关的经济补偿金等都于交接完毕时支付。

《劳动合同法》第三十九条明确规定了如果劳动者严重违反规章制度的，用人单位可以解除劳动合同，并且不用支付经济补偿。一般来说，用人单位会在劳动合同中写明"员工离职时应该严格按照公司的规章制度办理离职手续"，并在规章制度中明确将"劳动者拒不配合用人单位进行工作交接的"视为属于严重违反规章制度的行为。

此外，用人单位还会在规章制度中加入劳动法规定的"因劳动者不按照约定办理工作交接，给企业造成损失的，劳动者应承担相应的赔偿责任"条款，并将之细化，以此来约束员工。

辞职遭遇用人单位扣款怎么办？

无论是否提前辞职，用人单位都无权克扣员工的工资，否则员工可以单位未及时足额支付劳动报酬为由，向劳动行政部门投诉。

员工离职能否得到年终奖？

需要结合年终奖的具体类型分析判断：

A. 对于工资组合型的年终奖，本就是劳动者应得工资的组成部分，通常会在企业规章制度中有所规定，或者在劳动合同中有所约定，或者在企业对劳动者发放的录用通知中便已明确。该种情形下，中途离职员工有权向企业主张发放当年年终奖，在岗不足整年的，有权要求按当年实际在岗时间进行折算。

B. 对于绩效考核型的年终奖，属于附条件奖金，则其是否发放、发放数额均取决于事前对发放条件的约定或企业规章制度对发放条件的规定，只要该约定或规定在内容上、制定程序上不违反国家法律法规的强制性规定。该种情形下，中途离职员工如符合约定或规定的年终奖发放条件，则有权向企业主张发放相应金额的当年年终奖；如不符合，也就无权要求。

另外，依据《民法典》对附条件民事法律行为的相关规定，若企业以阻止年终奖发放为目的而提前解除雇员的劳动合同，一旦被劳动仲裁机构、法院认定为违法解除，则中途离职员工仍有权要求企业按"同工同酬"原则发放年终奖。

好马不吃回头草?
若是好"草"但吃无妨

"真是奇异的缘分",正筹谋找新工作的工程师张冉在行业酒会上遇到了之前任职公司的领导,双方相谈甚欢,张冉就此再度拿到了之前任职公司的 offer。

"兜兜转转又回到了职场起步的地方。"这家公司曾为张冉提供了进入职场的第一份正式工作。工作五年后,其他公司向他开出了更高薪酬,彼时,张冉与直属上司"不对付",虽然领导层挽留,但张冉没怎么犹豫就办了离职。

离开这家公司数年,回想起来,除了和直属上司没能处好,张冉觉得前东家的待遇、环境、福利、行业地位都是有吸引力的,所以,这次他吃了"回头草"。

离职后再回归原单位工作,在职场上有着一定的比例。俗话说,"好马不吃回头草",但对用人单位来说,如果真的是"好马",重新启用无妨;对职场人来说,真的是"好草",但吃无妨。双方一拍即合,各取所需,也是皆大欢喜。

但是,重回"起点"这件事情并不简单。职场人需要面对的不仅是诸如更复杂的人际关系、各种猜忌等微妙的事情,试用期要不要重新约定,"出走多年,归来仍是基层"该如何谋求更好的发展,都是亟待解决的问题。

理顺"归来"之路

如果机会就放在眼前，要不要再回原单位工作，人们有不同的意见。

支持者认为，用人单位会再度招聘有能力的离职老员工，是因为其对岗位的适应性在之前已经得到验证，入职成本低，工作效率有保证。另外，愿回原单位也证明，工作单位对老员工有吸引力，而且这份吸引力已经在市场上经过了比较和验证，老员工再度归来，稳定性有一定的保证。

而对老员工来说，"熟悉的味道，熟悉的配方，熟悉的材料"让工作开展更加方便，减少了熟悉工作的时间成本。另外，能回原单位，通常是得到了原单位领导、老板的邀请，至少薪资待遇不会比之前的低。

但反对者的观点也并非全无道理。即便邀请你回归的是一位位高权重的领导，其他领导难道不会对你有看法？在一些上位者心目中，离职代表着背叛。拥有"一次不忠，百次不用"的传统人才观的人，现代职场中为数不少。他们更愿意培养那些工作踏实、忠心耿耿的员工，哪怕这样的员工看上去并不聪明，能力比较平凡。

前同事也会戴着"有色眼镜"和你相处，他们普遍的内心独白是："这家伙在外面混不下去了，又来上班了。"尤其是当有些领导、上司有意无意流露出对曾经"背叛"的你不信任时，这些"聪明"的同事立刻收到信号，开始疏远和孤立你。

职场人在职场为的是挣钱和奋斗，虽然不用太过在意别人的

职场课

眼光和想法，但身处太过复杂的人际关系，会带来负面情绪和不安，长此以往可能压得你喘不过气来。当然，如果你能坚持下去，或许未来三五年会出现转机；如果你过不了这一关，中途再度离场，对你的职场自信心将是不小的打击。

所以，决定回归原单位之前，这些事情都要考虑清楚。回归所能带给你的收获远大于种种弊端，而你也放得下姿态，能够忍过一时，或者你的工作岗位本身不会涉及太多人事关系，那也就不必多纠结，只管回头吃好草便是，别太在乎别人的眼光。因为"只要我不尴尬，尴尬的就是别人"。

很多职场人都知道，同一用人单位与同一劳动者只能约定一次试用期。但凡事都有例外。刘仕波律师就曾公布过一个真实案例，2014年5月，刘某入职真大公司，担任组装人员。半年后刘某离职。2018年6月，刘某以生产操作人员身份再次入职该公司，并签订劳动合同，约定合同期限五年，试用期3个月。试用期期间，刘某违反公司管理规定，公司向刘某下达解除劳动合同通知，解除双方的劳动合同关系。

刘某申请劳动仲裁，请求裁决真大公司支付其试用期期间违法约定两次试用期的工资差额5000元。仲裁机构驳回了刘某仲裁请求。

刘某不服，诉至法院。一审法院经审查认为，刘某第二次入职真大公司，该公司再次与其约定试用期三个月，并不违反相关法律规定。《劳动合同法》第十九条第二款规定的"同一用人单位与同一劳动者只能约定一次试用期"的前提条件是在同一段连续的劳动关系中。但劳动者离职后较长时间又应聘至原

198

用人单位工作，劳动者身体状况等是否改变，技术、技能是否得到增长，是否能胜任再次入职的岗位和工种，是否能适应新时期用人单位的工作环境等，是双方需要重新考察的因素。法院判决驳回刘某的诉讼请求。刘某不服一审判决，上诉至二审法院，二审法院审理后判决驳回上诉，维持原判。

不少律师和法律人士也都持相似观点。从利益权衡看，法律对试用期进行严格规定，是为了防止处于强势地位的用人单位滥用试用期，但同时也不能过于加重用人单位的义务，剥夺其自主用工的权利。用人单位对离职多年后又新入职的员工约定试用期很有必要。如果仅仅机械地理解法律规定，认为只要是同一用人单位与同一劳动者，无论什么情况下都只能约定一次试用期，将有悖上述法律规定的立法初衷，不符合当前的用工形势和劳资双方的实际需要。

打好"双赢"之战

笔者身边真的有成功回归原单位工作的职场人。任柯的故事就很有代表性，他和上司曾竞聘过同一岗位。结果上司成功，他失败。因为受到猜忌、排斥，任柯在找到新工作之后，果断离职了。

再度回归原单位，也是因为有一位之前器重任柯的老领导从欧洲回本部工作，和他取得联系，给了他一次机会。任柯权衡过其中的利弊。其一，他出走多年，归来依然是基层员工，但好在有老领导在上面罩着，换了部门，避开了原先的上司。现任部门领导能力不如任柯，但是不会蓄意刁难。其二，现在正逢公司整

职场课

体降薪，整个行业也不景气，但这份工作不用坐班，而且稳定性在行业里算是比较强的，工作节奏不算过于紧张，他可以在工作之外发展自己的事业。其三，也是最关键的一点，原东家在业内的地位和口碑，以及工作接触的人脉，能够为他自己的事业带来强大的资源。任柯欣然接受了"回头草"offer。

"能在回老东家之后做出成绩，等同于打赢了一场'双赢'之战"，任柯坦言，他很清楚，不仅自己有"破釜沉舟"的压力，邀他回去的老领导也在以自己的眼光、管理能力为他的入职背书。一旦入职，他必须做出成绩来。

因此，在做好本职工作的基础上，他重新在岗位上积累人脉，并且笔耕不辍。凭借这些人脉，他不仅找到了知名出版机构的编辑合作，以笔名出版了多部行业相关的著作，并且还邀请到了大腕推荐他的作品，同时，还牵手知识网红带货，在一个晚上就在直播间售卖了数千本著作。

复盘任柯打好这场"双赢"之战，原因在于他的回归有相当明确的目标和诉求，在重新入职之前就有了明确的规划。而原单位的工作岗位提供了他想要的发展机会和资源。当然，这也少不了他个人数年如一日的努力和勤勉。在这些因素面前，那些微妙而复杂的事情都是不值一提的小事。

法律小贴士

对再次入职的员工能否约定试用期?

《劳动合同法》第十九条第二款规定，"同一用人单位与同一劳动者只能约定一次试用期"，如果从事的岗位和原先相同、离职时间较短、其他方面也未发生重大变化，用人单位和老员工之间不应另行约定试用期。但是，正如本文所举的真实判例，如果员工离职时间与再次入职时间间隔很长，或者是再次入职工作岗位发生了变化，用人单位重新设立试用期，合理合法。

需要提醒的是：无论是企业再次约定试用期还是劳动者诉请再次约定的试用期不合法，均要了解当地劳动人事争议仲裁委员会和法院的倾向性观点，避免因裁判者的理解不同而给自己造成损失。

和"职业倦怠"说拜拜，
"弯道超车"正当时

判别职场新人和"次新人"，从工作时的精神状态就能猜个八九不离十。初入职场的人通常都是满怀斗志，眼神里有掩饰不住的热情和旺盛的好奇，以及接手任务时的忐忑。

打拼了三年五载的"次新人"情况就要两说了。一部分人成为了让前辈们心怀敬畏的"后浪"，处于事业"上升期"的他们雄心勃勃，青春的脸上洋溢着骄傲的神采，因为前程似锦而干劲十足。

另一部分人则产生了职业倦怠，进入了所谓的职场发展的"瓶颈期"。

实际上，工作三至五年，正是职场人向上攀登，实现"弯道超车"的重要时机。此时，"次新人"的岗位技能日臻娴熟，对行业有自己的见地，建立了人脉，有一定的发展基础，脑力和体力都在线。甚至在一些新兴行业，有三年的从业经历，就是行业OG了。

职场关键期弥足珍贵，错过就不再。因此，对职场次新人来说，尽快告别职业倦怠，是势在必行、刻不容缓的事情。

"职业倦怠"

很多"次新人"离"上升期"的入口并不遥远，可能就差了一个职场倦怠的距离。尤其遇到了不可抗力，职业倦怠表现得更加明显、更为普遍。前程无忧发布的《2022职业倦怠状况调查》显示，疫情或加重职业倦怠，有九成受访者表示正在经历职业倦怠。

2022年1月，在世界卫生组织更新的官方诊断手册中，职业倦怠被纳入《国际疾病分类》，将它看作一种职场上的现象，但并不认为它是一种疾病。不同于"周一综合症"和"假期综合症"等短期状态，职业倦怠更易长期且深度地影响人们的就业心理、就业状态、就业倾向等方面。其明显的表现是，情感方面，丧失工作的积极性，甚至产生了极度的厌恶和强烈的抵触情绪；人际方面，开始漠视工作，不关心进展，尤其是对待同事和领导冷漠、疏远；效能方面，感受不到工作带来的成就感，持续否定自我存在的价值。

毕竟，永远向前冲的"美少女战士"不多见。连开创了霸道总裁人设的前偶像剧一哥、屏幕上的"国民媳妇"，也都有过"职业倦怠"。不过，人家在关键节点上找到了突破的方式，"纡尊降贵"做综艺节目参赛选手，重新接受导师和观众评头论足。他们的勇气和努力有目共睹，人气又回来了，片约也回来了。

陷入职业倦怠很"丧"，但千万别放弃努力。连不确定性那么强的娱乐圈都有"破圈"的机会，更何况是年轻的你。职业倦怠是个茧，破茧才能成蝶。对你来说，此时一个"由量变到质变"的契机就在眼前，一旦能实现突破，无论是能力还是心理都会发生质的蜕变和飞跃。

职场课

平凡工作也能寻到幸福

　　与职业倦怠"共舞",绝大多数职场人是迫不得已。裴媛媛遇到的状况更加糟糕。一边在灯泡厂工作,一边要照顾孩子,工作三年以来,她为家庭、为工作蜡烛两头烧,出现了职业倦怠和对生活的麻木。雪上加霜的是,工厂因为订单锐减开始遣散员工。

　　但生活还是得继续。在多方寻找和搜索之后,裴媛媛发现,有一家新开的高端制造企业正在招聘技术员工。她对新的技术工种并不了解,好在负责招聘的 HR 告诉她,工厂愿意从零开始培训新员工。

　　跳槽穷三月,转行穷三年,深谙这条定律的裴媛媛对新行业新岗位不是没有过踌躇。毕竟,作为熟练技术工的她要重新学习新技能,在薪酬、待遇等各方面短时间里都会受到很大影响。

　　但在一番思虑之后,她调整了心态。由于从事的是高端精细加工工作,上任新岗位之初,裴媛媛手捏金线就会紧张得出手汗。而如今,经过几年的锻炼,她成为了金线组组长,是行业中不可或缺的制作精细拉丝模具技术人才,职业倦怠就这样不攻自破了。

　　换行业、换环境,裴媛媛并非自愿。《2022 职业倦怠状况调查》也显示,近七成受访者不认可仅通过跳槽来解决自身的职业倦怠问题。其实,关键在于裴媛媛没有停止过学习,面对平凡的工作,她没有因为职业倦怠放弃努力向上、改变状态的机会。

　　有职业规划师指出,应对职业倦怠,最有效的方法有两种,第一种是提升责任意识，不少企业会定期对员工进行这方面的培训。还有的职场人是在为人父母之后，意识到了把工作做好的重要性，养家糊口、抚育孩子的责任心激发了斗志。

而第二种，也是需要个人付出更多努力的，就是不断学习、充电。据说，中国脱口秀"天花板"周奇墨常会趁着拍摄和表演的间隙，阅读《博弈论》等大部头著作。

无论是像裴媛媛把一门新技术学精学透，或是在职进修，抑或是像周奇墨那样挤牙膏似的分出一部分时间和精力进行阅读提升，都能开拓眼界，改变思维格局，找到弯道超车的动力和方法。在平凡工作中重新燃起奋斗的激情，寻到幸福，无论你是明星，还是普通职场人，要做的没多大差别。

后记：追剧不如追梦，
泪水和汗水不会白流

一边写作一边追剧是我一直以来的工作习惯。写这本书的过程中，我突然想通了一件事，所有的剧集都能当作职场剧来看。当年红透半边天的《杜拉拉升职记》自不必说，那些自带职场精英人设的现代剧也不用赘述，各种古装剧，比如《甄嬛传》，比如《知否知否应是绿肥红瘦》，用现代职场的视角对其进行剖析一点都不违和。中国古典四大名著，随机抽取一个片段，也不难从现代职场的角度点评一二。

然而，职场不是电视剧，是"江湖"，是真实社会的缩影，是现实世界的一部分。职场充满了各种琐碎，有些过程令人痛苦、备受煎熬，但你无法快进，无法用蒙太奇剪辑，更不甘心放弃，你能做的就是在磨砺之中尽快成长和成熟。

但是，有时职场中发生的事情远比电视剧更戏剧化，电视剧都不敢这么编。而作为个人视角中的唯一职场"主角"——你自己——既没有电视剧中男主女主的主角光环，也没有强大外援的力挺，面对棘手的情况，能依靠的只有你自己。

所以，追剧哪里比得上你亲自下场，到职场里追梦精彩？在职场，你的泪水和汗水为自己而流，每一滴泪水和汗水都在默默地为你的追梦之旅铺路。当你学会了刚柔并济的职场行走方式，你会比那些你共情过、羡慕过的剧中人物更从容，职场每一分钟都过得有滋有味。

2022 年 8 月 29 日于上海

图书在版编目(CIP)数据

职场课:刚柔并济方能行稳致远/陈琳著.—上
海:上海人民出版社,2023
ISBN 978 - 7 - 208 - 18192 - 2

Ⅰ.①职… Ⅱ.①陈… Ⅲ.①职业选择-通俗读物
Ⅳ.①C913.2 - 49

中国国家版本馆 CIP 数据核字(2023)第 041546 号

责任编辑 伍安洁
封面设计 孙 康

职场课
——刚柔并济方能行稳致远
陈 琳 著

出 版 上海人民出版社
      (201101 上海市闵行区号景路 159 弄 C 座)
发 行 上海人民出版社发行中心
印 刷 江阴市机关印刷服务有限公司
开 本 720×1000 1/16
印 张 13.5
插 页 4
字 数 143,000
版 次 2023 年 5 月第 1 版
印 次 2023 年 5 月第 1 次印刷
ISBN 978 - 7 - 208 - 18192 - 2/C · 680
定 价 60.00 元